AUTORES:

JOSÉ MARÍA CAÑIZARES MÁRQUEZ
CARMEN CARBONERO CELIS

COLECCIÓN OPOSICIONES MAGISTERIO: EDUCACIÓN FÍSICA

LA EDUCACIÓN FÍSICA Y EL DEPORTE COMO ELEMENTO SOCIOCULTURAL:
JUEGOS Y DEPORTES POPULARES, AUTÓCTONOS Y TRADICIONALES. LAS ACTIVIDADES FÍSICAS ORGANIZADAS EN EL MEDIO NATURAL.
(VOLUMEN 15)

WANCEULEN
EDITORIAL DEPORTIVA

COLECCIÓN OPOSICIONES MAGISTERIO: EDUCACIÓN FÍSICA

VOLUMEN 15.

LA EDUCACIÓN FÍSICA Y EL DEPORTE COMO ELEMENTO SOCIOCULTURAL. JUEGOS Y DEPORTES POPULARES, AUTÓCTONOS Y TRADICIONALES. LAS ACTIVIDADES FÍSICAS ORGANIZADAS EN EL MEDIO NATURAL.

AUTORES

<u>José Mª Cañizares Márquez</u>

- Catedrático de Educación Física
- Tutor del Módulo del Practicum del Master de Secundaria
- Especialista en preparación de opositores
- Autor de numerosas obras sobre Educación y Preparación Física

<u>Carmen Carbonero Celis</u>

- D. E. A. en Instituciones Educativas
- Licenciada en Pedagogía
- Maestra de Primaria y Secundaria en centros de Educación Compensatoria
- Didacta presencial del Módulo de Pedagogía General en el CAP
- Profesora de Pedagogía Terapéutica en Centro Educación Primaria

Título: LA EDUCACIÓN FÍSICA Y EL DEPORTE COMO ELEMENTO SOCIOCULTURAL. JUEGOS Y DEPORTES POPULARES, AUTÓCTONOS Y TRADICIONALES. LAS ACTIVIDADES FÍSICAS ORGANIZADAS EN EL MEDIO NATURAL.

Autores: José Mª Cañizares Márquez y Carmen Carbonero Celis
Editorial: WANCEULEN EDITORIAL DEPORTIVA, S.L.

C/ Cristo del Desamparo y Abandono, 56   41006 SEVILLA

Dirección web: www.wanceulen.com

I.S.B.N.: 978-84-9993-486-0

Dep. Legal:

© **Copyright:** WANCEULEN EDITORIAL DEPORTIVA, S.L.

Primera Edición: Año 2016

Impreso en España:

Reservados todos los derechos. Queda prohibido reproducir, almacenar en sistemas de recuperación de la información y transmitir parte alguna de esta publicación, cualquiera que sea el medio empleado (electrónico, mecánico, fotocopia, impresión, grabación, etc), sin el permiso de los titulares de los derechos de propiedad intelectual. Cualquier forma de reproducción, distribución, comunicación pública o transformación de esta obra solo puede ser realizada con la autorización de sus titulares, salvo excepción prevista por la ley. Diríjase a CEDRO (Centro Español de Derechos Reprográficos, www.cedro.org) si necesita fotocopiar o escanear algún fragmento de esta obra.

ÍNDICE

Presentación de la Colección.

Introducción

1. ASPECTOS COMUNES A TENER EN CUENTA EN EL EXAMEN ESCRITO.

    1.1. Criterios de corrección y evaluación que siguen los tribunales.
    1.2. Consejos sobre cómo estudiar los temas. Estrategias.
    1.3. Recomendaciones para la realización del examen escrito. Estrategias.
    1.4. Modelo estandarizado de presentación de examen escrito.
    1.5. Partes estándares a todos los temas.

2. LA EDUCACIÓN FÍSICA Y EL DEPORTE COMO ELEMENTO SOCIOCULTURAL. JUEGOS Y DEPORTES POPULARES, AUTÓCTONOS Y TRADICIONALES. ACTIVIDADES FÍSICAS ORGANIZADAS EN EL MEDIO NATURAL.

COLECCIÓN OPOSICIONES DE MAGISTERIO.
ESPECIALIDAD DE EDUCACIÓN FÍSICA

PRESENTACIÓN DE LA COLECCIÓN

Los autores, con muchos años de experiencia en la preparación de oposiciones, hemos plasmado en esta Colección multitud de argumentos y detalles con la finalidad de que cada persona interesada en acceder a la función pública conozca minuciosamente todos los pormenores de la preparación.

La Colección está compuesta por una treintena de volúmenes, de los que veinticinco están dedicados a otros tantos capítulos del temario, y los cinco restantes a cómo hacer y exponer oralmente la programación didáctica y las UU. DD., así como a resolver el examen práctico escrito.

Los destinados a los temas llevan incorporados unos aspectos comunes previos sobre cómo hay que estudiarlos y consejos acerca de cómo realizar el ejercicio escrito.

Los aplicados al examen oral: defensa de la programación y exposición de las U.D.I., también llevan un capítulo referente a cómo es mejor hacer la expresión verbal, el mensaje expresivo, el esquema en la pizarra, etc.

Es decir, los autores no nos hemos ceñido a publicar un temario para las dos pruebas escritas (tema y casos prácticos) y las dos orales (programación y unidades). Hemos querido hacer partícipe de las técnicas que hemos seguido estos años y que tan buen resultado nos han dado, sobre todo a quienes sacaron plaza merced a su propio esfuerzo. No obstante, debemos destacar un aspecto capital: ratio del tribunal, es decir, ¿con cuántos opositores me tengo que "pelear" para conseguir la plaza?

Ya podemos ir perfectamente preparados, que si un tribunal tiene dos plazas para dar y hay diez opositores con un diez... la suerte de tener una décima más o menos en la fase de concurso nos dará o quitará la plaza.

Por otro lado, es conocido que desde hace año en España tenemos diecisiete "leyes de educación", es decir, una por autonomía, además de la que es común para todos y que, como las autonómicas, depende del partido político que gobierne en ese momento. No podemos obviar que la Educación y todo lo que le rodea -incluidos opositores- es un aspecto más de la política, si bien entendemos debería ser justo lo contrario. La formación de nuestros hijos no debe estar en función de unas siglas de unos partidos políticos, porque cuando uno consigue el poder, elimina por sistema lo hecho por el anterior, esté mejor o peor. Ejemplos, por desgracia, hay muchos desde la LOGSE/1990. Así pues, abogamos por un Pacto Educativo que incluya, lógicamente, a opositores y al Sistema de Acceso a la Docencia.

Esto trae consigo que, forzosamente, debamos basarnos en una línea de elementos legislativos. En nuestro caso, además de la nacional, nos remitimos a la de Andalucía. Por ello, las personas opositoras que nos lean deberán adecuar las citas legislativas autonómicas que hagamos a las de la comunidad/es donde acuda a presentarse a las oposiciones docentes.

Para cualquier información corta, los autores estamos a disposición de las personas lectoras en:

oposicionedfisica@gmail.com

INTRODUCCIÓN

Este volumen tiene dos partes claramente diferenciadas:

a) Por un lado tratamos diversos aspectos comunes a todos los temas escritos. Es decir, nos centramos en cómo hay que estudiarlos a partir de los propios criterios de valoración del examen que indica la Consejería de Educación de la Junta de Andalucía, y que suelen ser similares a los de otras autonomías. También incluimos los criterios de otras comunidades, pero no de todas porque se nos haría interminable.

Esta parte también incluye una serie de consejos acerca de cómo estudiar los temas, cuestión que no es baladí porque el opositor está muy limitado por el tiempo disponible para realizarlo.

Esto nos lleva a siguiente punto, el "perfil" de cada opositor, su capacidad grafomotriz muy a tener en cuenta para que en el tiempo dado seamos capaces de tratar el tema elegido con una estructura adecuada a los criterios de evaluación que el tribunal va a usar en la corrección.

Es muy corriente el comentario de "mientras más sepas, más nota sacas y más posibilidades de obtener plaza tienes". Esto trae consigo, en muchas ocasiones, que el opositor se encuentre con "montañas de papeles" sin estructurar, sin saber si un documento reitera lo de otro, sin dominar la capacidad de síntesis ante tanto volumen de definiciones, clasificaciones, teorías, opiniones, etc.

La realidad es muy distinta. El opositor debe llevar preparado al menos veinticuatro documentos (para tener el 100% de que le va a salir en el sorteo un tema estudiado concienzudamente), con la información muy exacta de lo que le da tiempo a escribir correctamente desde todos los puntos: científico, legislativo, autores, estructura del propio examen, sintaxis, ortografía, etc.

Muchas veces nos han preguntado por el conocimiento de los tribunales, si están al día, etc. Nuestra respuesta ha sido siempre la misma: "sabrán más o menos de cada uno de los veinticinco temas, lo leerán con más o menos detenimiento, pero seguro que lo que más saben es corregir escritos porque lo hacen a diario en sus aulas, de ahí que debamos prestar la máxima atención a estos aspectos formales". Para ello añadimos al final una hoja-tipo.

Completamos este primer capítulo con una tabla de planificación semanal que debemos hacer desde un principio para "obligarnos" y seguirla con disciplina espartana, si de verdad queremos tener éxito.

b) Por otro, el Tema 15 totalmente actualizado a fecha de hoy. La persona opositora debe, una vez conozca el volumen de contenidos que es capaz de escribir, hacer un resumen equitativo de cada punto y "cuadrarlo" a su capacidad grafomotriz. A partir de aquí, a estudiarlo... pero escribiéndolo ya que la nota nos la van a poner por lo que escribamos y cómo expresemos esos contenidos. Pero, si en la comunidad donde nos examinemos, el escrito hay que leerlo al tribunal, de nuevo lo haremos, cuanto antes mejor, para ensayar la lectura y que determinadas palabras no se nos "atraganten".

CRITERIOS DE CORRECCIÓN Y EVALUACIÓN QUE SIGUEN LOS TRIBUNALES

Consideramos imprescindible saber **previamente** cómo nos va a evaluar el Tribunal para realizar el examen con respecto a los ítem que va a tener en cuenta. Aportamos varios **modelos** que han transcendido y que, básicamente, se diferencian en la **formulación** de las consideraciones y en su valoración, no en el **fondo**.

CRITERIOS DE EVALUACIÓN EN ANDALUCÍA.

La Consejería de Educación de la Junta de Andalucía informa a los sindicatos, en mayo de 2007, sobre un "borrador" de criterios de evaluación para el "Concurso Oposición al Cuerpo de Maestros 2007". Posteriormente, como pudimos comprobar esa convocatoria y las siguientes, estos criterios se hicieron "firmes".

Transcribimos literalmente los cinco puntos a considerar sobre el tema escrito:

CRITERIOS GENERALES TEMA ESCRITO

Estructura del tema.

a) Presenta un índice.
b) Justifica la importancia del tema.
c) Hace una introducción del mismo.
d) Expone sus repercusiones en el currículum y en el sistema educativo.
e) Elabora una conclusión acorde con el planteamiento del tema.

Contenidos específicos.

a) Adapta los contenidos al tema.
b) Secuencia de manera lógica y clara sus apartados.
c) Argumenta los contenidos.
d) Profundiza en los mismos.
e) Hace referencia al contexto escolar.

Expresión.

a) Muestra fluidez en la redacción.
b) Hace un uso correcto del lenguaje, con una buena construcción semántica.
c) Emplea de forma adecuada el lenguaje técnico.

Presentación.

a) Presenta el escrito con limpieza y claridad.
b) Utiliza un formato adecuado teniendo en cuenta el apartado 4 del artículo 7.4.1. de la Orden de 24 de marzo de 2007, BOJA nº 60 del 26/03/2007.
Nota: Se refiere a aspectos formales tales como no firmar el examen, entregarlo en un sobre con etiquetas, etc.

Bibliografía/Documentación.

a) Fundamenta los contenidos con autores o bibliografía.
b) Sitúa el tema en el marco legislativo pertinente.

La Consejería de Educación de la Junta de Andalucía informa a los sindicatos, en **junio de 2015**, sobre los criterios de evaluación para el "Concurso Oposición al Cuerpo de Maestros 2015". Transcribimos literalmente los cuatro puntos a considerar sobre el tema escrito:

CRITERIOS GENERALES A TENER EN CUENTA EN LA CORRECCIÓN DEL TEMA ESCRITO (JUNIO 2015).

1. Estructura del tema.

a) Secuencia de manera lógica y clara cada uno de los apartados del tema
b) Expone con claridad

2. Contenidos.

a) Argumenta y justifica científicamente los contenidos
b) Conoce y tarta con profundidad el tema
c) Realiza una transposición didáctica de la teoría expuesta a la práctica
d) Fundamenta los contenidos con autores y bibliografía que realmente hagan referencia al contenido en cuestión, así como a la normativa vigente

3. Expresión.

a) Redacta con fluidez
b) Usa correctamente el lenguaje y presenta una adecuada construcción sintáctica
c) Usa con propiedad el lenguaje técnico específico de la especialidad
d) No se aprecian divagaciones, reiteraciones, etc.

4. Presentación.

a) El ejercicio es legible: no hay que estar deduciendo qué quiere decir ni traduciendo el texto
b) Se observa limpieza y claridad en el ejercicio
c) Usa un formato adecuado

CRITERIOS GENERALES A TENER EN CUENTA EN LA CORRECCIÓN DEL TEMA ESCRITO
(Comunidad de Castilla-La Mancha)

Los criterios de evaluación del tema escrito (Comunidad de Castilla-La Mancha), que tuvieron los tribunales en cuenta en la convocatoria de 2007 y que fueron establecidos por la Comisión de Selección de la Especialidad de Educación Física, son:

CRITERIOS PARA EVALUAR EL TEMA ESCRITO. PARTE "A"	Puntuación
1.- Introducción, justificación, índice y mapa conceptual.	(MÁXIMO 1,5 puntos)
2.- Contenidos específicos	
2.1.-Trata todos los epígrafes del tema. 2.2.- Adecuación de los contenidos al tema. Los contenidos se ajustan al tema. 2.3.- Profundización de los mismos. 2.4.- Organización lógica y clara en cada punto. Atendiendo al índice. 2.5.- Argumentación de los contenidos. 2.6.- Referencia al contexto escolar. 2.7.-Relaciona con otros temas del currículum. 2.8.- Originalidad y creatividad en el tema.	(MÁXIMO 6,5 puntos)
3.-Bibliografía	
3.1.- Bibliografía específica del tema. Cita autores y hace referencias bibliográficas. 3.2.- Aspectos legislativos. Hace referencia a la legislación nacional y autonómica.	(MÁXIMO 0,75 puntos)
4.- Conclusión y valoración personal	(MÁXIMO 0,75 puntos)
5.- Aspectos formales. Presentación, estructura, organización, uso de vocabulario técnico.	(MÁXIMO 0,5 puntos)
6.- Errores	
a. Divagaciones b. Faltas de ortografía c. Errores garrafales	SE VALORARÁ NEGATIVAMENTE POR PARTE DEL TRIBUNAL
Total	10 Puntos.

OTROS CRITERIOS GENERALES A TENER EN CUENTA EN LA CORRECCIÓN DEL TEMA ESCRITO

Otros tribunales siguieron unos criterios de evaluación del examen escrito como los que ahora reflejamos:

	CRITERIOS PARA EVALUAR EL TEMA ESCRITO	
1	Introducción, índice y mapa conceptual	Máximo 1 punto
2	Nivel de contenidos	Máximo 5 puntos
	2.1. Trata todos los epígrafes del tema	
	2.2. Los contenidos se ajustan al temario	
	2.3. Relaciona con otros temas del curriculum	
	2.4. Hace referencia a la legislación nacional y autonómica	
	2.5. Cita autores y/o referencias bibliográficas	
3	Aspectos formales: presentación, estructura, organización, vocabulario y ortografía	Máximo 3 puntos
4	Conclusión, valoración personal y bibliografía	Máximo 1 punto

Esta tabla tuvo su origen en la Convocatoria de Castilla La Mancha hace unos años. Sus criterios siguen vigentes.

Cuadro resumen de los Criterios de Evaluación	Temas A

1.- Contenidos específicos
  a. Adecuación de los contenidos al tema.
  b. Profundización de los mismos.
  c. Organización lógica y clara en cada punto (Índice).
  d. Argumentación de los contenidos.
  e. Referencia al contexto escolar.
  f. Originalidad y creatividad en el tema.
	2,75 puntos

2.- Introducción y conclusión
  a. Justificación de la importancia del tema.
  b. Repercusiones en nuestra área y en el Sistema Educativo.
  c. Buena introducción del tema.
  d. Conclusión.
	0,5 puntos

3.- Expresión
  a. Fluidez del discurso.
  b. Buena redacción, sin errores sintácticos, redundancias...
  c. Uso del lenguaje técnico.
	1 puntos

4.- Presentación
  a. Limpieza y claridad.
  b. Formato con variedad de recursos (gráficos, sangrías, diferenciación entre títulos, subtítulos, contenidos, esquema, etc.)
	0,5 puntos

5.-Bibliografía
  a. Bibliografía específica del tema.
  b. Aspectos legislativos.
	0,25 puntos

Penalizaciones
  a. Divagaciones
  b. Faltas de ortografía
  c. Errores garrafales
	A restar según criterio del propio tribunal

Totales	5 Ptos.

En **2013**, la Convocatoria de Primaria en **Castilla-La Mancha** incluían estos **criterios**:

PARTE 1B *DESARROLLO DE UN TEMA DE LA ESPECIALIDAD*	PESO ESPECÍFICO
1. Estructurar el tema de forma coherente, secuenciada, justificada y equitativa con todos los apartados.	25%
2. En relación a los contenidos desarrollados, responder al tema planteado, adaptándose al currículum, con aportaciones teórico-prácticas, siendo funcional para la práctica docente.	40%
3. Ser original y creativo en el desarrollo del tema, estableciendo conexiones con otros contenidos del currículum, con aportaciones personales fundamentadas que revelan la creación propia e inédita del mismo.	15%
4. El tema será afín a unas bases teóricas, a una fundamentación científica de la que parte el currículum, al tiempo que aporta ideas nuevas.	5%
5. Mostrar una lectura fluida y comprensible, con una actitud transmisora y un desarrollo expositivo que se ciñan al tema.	15%

En la Convocatoria de **Secundaria** de **Andalucía** de **2016**, los criterios o "indicadores" a tener en cuenta por los tribunales para el examen escrito, son:

INDICADORES

● ESTRUCTURA DEL TEMA:

- Índice (adecuado al título del tema y bien estructurado y secuenciado).
- Introducción (justificación e importancia del tema).
- Desarrollo de todos los apartados recogidos en el título e índice.
- Conclusión (síntesis, donde se relacionan todos los apartados del tema).
- Bibliografía (cita fuentes diversas, actualizadas y fidedignas).

● EXPRESIÓN Y PRESENTACIÓN:

- Fluidez en redacción, adecuada expresión escrita: ortografía y gramática.
- Riqueza y corrección léxica y gramatical (IDIOMAS).
- Limpieza y claridad.

● CONTENIDOS ESPECÍFICOS DEL TEMA:

- Nivel de profundización y actualización de los contenidos.
- Valoración o juicio crítico y fundamentado de los contenidos.
- Ilustra los contenidos con ejemplos, esquemas, gráficos…
- Secuencia lógica y ordenada.
- Uso correcto y actualizado del lenguaje técnico.

CONSEJOS SOBRE CÓMO ESTUDIAR LOS TEMAS. ESTRATEGIAS.

Exponemos una serie de consejos que solemos dar a nuestros opositores:

- Cada uno tiene un "método" que ha experimentado durante su vida de estudiante, sobre todo a nivel universitario, de ahí que nuestra influencia sea relativa. No obstante, muchos nos reconocen que "*nunca hemos estudiado en profundidad hasta comenzar a prepararnos las oposiciones*".

- Reconocemos que hay **múltiples** formas de estudio. Hemos tenido opositores que necesitaban estar tumbados, otros sentados y en total silencio, otros tenían que tener forzosamente una tenue música de fondo, etc. Es decir, existen muchas maneras con más o menos **dependencia/independencia de campo**.

- Unos precisan **luz** natural, otros luz blanca o azul, con flexo cercano o con la de la lámpara del techo…

- Hay quien prefiere estudiar a base de **resúmenes** hechos en un procesador de textos y otros, en cambio, tenían que estar a mano.

- Muchos prefieren **grabar** verbalmente los contenidos para reproducirlos cuando viaja, corre, nada o anda y así aprovechar estos "tiempos muertos".

- Otros requieren **gráficos** y mapas conceptuales. Incluso, hemos tenido los que preferían hacer un póster-esquema y colgarlo a la pared para leerlo de pie…

- Otro grupo lo conforman aquellos que prefieren subrayar o señalar los puntos clave con rotulador marcador tipo fluorescente, otros a lápiz… Eso sí, lo señalado debe tener encadenamiento o cohesión interna para verterlo, ya redactado, en el examen, de ahí que **debamos estudiar escribiendo**, porque el examen escrito trata de ello.

- Debemos usar bolígrafos de gel por ser más rápidos en su trazo y papel tamaño A4, que es el que nos van a proporcionar el día del examen. Ojo a los tipos de **bolígrafos permitidos** por los tribunales, debemos estar muy atentos a lo que nos dicen el día de la **presentación**. Independientemente de ello, debemos acostumbrarnos a poner el folio directamente sobre la superficie dura de la mesa, ya que así la velocidad de escritura es superior que si lo situamos encima de otros folios porque éstos hacen que el espacio de apoyo nos frene por ser más blando. Un **reloj** para controlarnos los tiempos es imprescindible también.

- En cualquier caso, no sería bueno estudiar más de dos horas seguidas, sobre todo si estamos sentados. Ello, normalmente, acarrea contracturas dorso-lumbares, en los miembros inferiores, etc. con el consiguiente dolor y molestia. Lo mismo podemos decir a nivel de nuestra visión.

- Realizar **actividad física o deportiva** varias veces a la semana es muy aconsejable por simple razón de compensación y revitalización personal.

- Es bueno, pues, cada dos horas aproximadamente, hacer un **alto horario** de 8-10 minutos para despejarnos mentalmente y estirarnos físicamente. Beber **agua** y la ingesta de **fruta** suele ser positivo. Esto es extensible al día del examen de la oposición.

- No obstante, si la convocatoria nos dice que el escrito durará más de este tiempo, debemos paulatinamente aumentar las dos horas hasta llegar al **tope** marcado.

- Siempre recomendamos realizar una **planificación** semanal personalizada, que regule nuestro **tiempo** destinado al estudio (avance y repaso de los temas del escrito, casos prácticos, exposición oral), al trabajo, deporte, ocio, obligaciones familiares, etc. Ver tabla/ejemplo en la página siguiente.

- **¿Cuánto tiempo dedicar al estudio?** No podemos dar "recetas" pues depende del nivel previo de cada opositor. Hay quien trae excelentes aprendizajes previos de la carrera y hay quien ese nivel lo trae demasiado básico. Otros ya tienen experiencias en oposiciones, etc. Así pues cada uno debe auto regularse en función de sus capacidades y sus circunstancias personales. Genéricamente podemos indicar que, al menos, 4-6 horas/día divididas por un descanso de 10-15 minutos puede ser un estándar adecuado. A partir de ahí, personalizar en función del avance o no obtenido.

- Siempre debemos tener un "**molde personal**" en función de la capacidad grafomotriz, habida cuenta el **ahorro** de tiempo y energía que nos supone seguir esta estrategia.

- De cualquier forma, debemos respetar el dicho popular "*lo que no se recuerda, no se sabe*", de ahí **memorizar comprensivamente** lo más significativo.

- La **memoria**, al igual que ocurre con la condición física, se mejora ejercitándola con frecuencia.

- Tan importante es memorizar un tema nuevo como no olvidar los ya aprendidos, por lo que es necesario **consolidar**, repasando, lo estudiado. Comprobar que dominamos temas anteriores mejora nuestra capacidad de auto concepto.

- De ahí la importancia de estudiar teniendo delante nuestro **resumen personalizado** y olvidarnos de aumentar los contenidos del tema porque, además de crearnos inquietudes, posiblemente no podamos reflejar todo lo que sabemos en el tiempo que tenemos de examen.

Mostramos en el siguiente **gráfico** un claro y rápido ejemplo de cómo auto planificarse el estudio durante la semana a partir de tres **módulos** diarios:

EJEMPLO DE PLANIFICACIÓN SEMANAL-TIPO
Combinación de estudio-repaso-programación-UU.DD.-prácticos-trabajo profesional-descanso

LUNES	MARTES	MIÉRCOLES	JUEVES	VIERNES	SÁBADO	DOMINGO
MAÑANA	MAÑANA	MAÑANA	MAÑANA	MAÑANA	MAÑANA	MAÑANA
TRABAJO	Estudio tema nuevo semana	TRABAJO	Repaso tema nuevo	TRABAJO	Casos Prácticos	Libre
TRABAJO	Estudio tema nuevo semana	TRABAJO	Programación	TRABAJO	Casos Prácticos	Libre
TARDE	TARDE	TARDE	TARDE	TARDE	TARDE	TARDE
Estudio tema nuevo semana	Programación	Repaso temas anteriores	UU. DD.-U.D.I.	Sesión de clase con preparador	Repaso temas anteriores	Repaso temas anteriores

RECOMENDACIONES PARA LA REALIZACIÓN DEL EXAMEN ESCRITO. ESTRATEGIAS.

NOTA: Muchos de los consejos que ahora damos, sobre todo los relacionados con la presentación, escritura, etc. son también aplicables a la realización por escrito de los casos prácticos, si los hubiera.

En las convocatorias anteriores se ha comprobado que la mayoría de aprobados en el examen escrito tenían **buena letra**, además de contenidos notables. Efectivamente, entre los criterios de evaluación que utilizan los tribunales hay algunos puntos destinados a la **presentación** que no podemos desechar. Incluso, si la Orden de la Convocatoria indica que el opositor deberá **leer** su propio **examen** ante el tribunal, éste suele comprobar posteriormente su estructura, sintaxis, ortografía, etc.

No llegar a tiempo a los llamamientos supone la primera **precaución** a tomar. En ocasiones, las instalaciones donde se celebran las oposiciones se ven saturadas desde varios kilómetros antes de llegar. A ello hay que sumar el tiempo para aparcar, buscar el aula asignada, etc. **Llegar tarde** puede suponer la **no presentación** y la consiguiente **eliminación**.

Gracias a las observaciones hechas por los tribunales de años anteriores y por los criterios de evaluación que han transcendido, estamos en disposición de apuntar una serie de anotaciones a considerar por las personas opositoras durante su periodo de preparación con nosotros. Habitualmente los tribunales reservan parte de la nota total para los **aspectos "formales"** del examen, que ahora comentamos. Esto es de vital importancia porque dos opositores con igual cantidad y calidad de contenidos, sacará mejor nota quien mejor lo presente. Ante ello, reservar algunos minutos para poder **revisar** el examen antes de entregarlo, teniendo en cuenta lo siguiente:

- Nadie aprueba con **mala letra**. Igual decimos de la presentación y limpieza.
- Esto lo hacemos extensivo a las faltas de **ortografía**, acentuación, mala **sintaxis**, incorrecciones **semánticas**, **expresión** y **redacción**, **vulgarismos**, **repetir la misma palabra** continuadamente, **tachones**, suciedad, etc. No podemos "escribir igual que hablamos". También, no poner el número del tema elegido o su título. Otro error habitual es el mal uso de los puntos, bien seguido, bien aparte.
- Debemos escribir por **una carilla** -al menos que el tribunal indique otra cosa- con letra más bien grande para facilitar su lectura. No poner detalles como "no recuerdo..."; "creo que..."; "no me da tiempo..."; "me parece que es...".
- La **media** de **folios** (carillas o páginas) que suelen hacer nuestros preparados están entre **14 y 16**, con **17-22 renglones** cada una (20 lo habitual) y **9 palabras/renglón,** teniendo en consideración unos **márgenes laterales** y **superior e inferior** de 2 a 2'5 centímetros. No obstante, conforme avanza la preparación y la habilidad para escribir este tipo de examen, hay quien aumenta el volumen de páginas de manera significativa, pero siempre manteniendo y respetando los criterios de evaluación que suelen tener los tribunales: letra, limpieza, construcción semántica, ortografía, etc. Si preferimos escribirlo en un procesador de textos, como puede ser "Word", el número de palabras suele estar alrededor de las 2400-2700, aproximadamente.
- Los **renglones** deben ser **paralelos** y siempre con el mismo **interlineado**. En caso de tener problemas para hacerlo, podemos llevarnos una **plantilla** ya hecha, como una hoja tamaño folio de cuaderno de rayas, o bien hacerla allí

mismo con lápiz y regla. Si tampoco pudiese ser (a veces los tribunales han hecho especial hincapié en "no entrar con plantilla, regla, etc."), nos esmeraríamos en la realización de la primera página, aunque tardásemos más tiempo, y ésta nos serviría como "falsilla" o planilla de renglones. Otro **truco** es hacerla a partir del **DNI** al que previamente le hemos hecho unas señales minúsculas con la anchura que deseamos. Éste nos sustituiría a la regla.

- No se puede ser "loco o loca" escribiendo. Para ello es importante el **entrenamiento** durante el periodo de preparación. De ahí surge la **automatización** de todos estos aspectos, además del sangrado, márgenes, etc. No poner abreviaturas.
- Por otro lado debemos **numerar** las hojas, incluso algunos lo hacen poniendo "1 de 15; 2 de 15…".
- La utilización de **dos colores** de tinta **no** suele estar **permitido**, como tampoco subrayados para señalizar los títulos, epígrafes, ideas fundamentales, etc., al menos que el tribunal exprese lo contrario. En todo caso, **preguntar** al tribunal antes de empezar si es posible su uso, así como de tippex. También si se pueden poner gráficos, flechas, tablas, etc., si el tribunal lo permite, pero la Orden de la Convocatoria suele prohibirlo por considerarlo posible "**señal**". Un **bolígrafo** tipo **gel** y apoyarnos sobre un **superficie dura** para que éste se deslice mejor, nos permite mayor velocidad de escritura manteniendo su calidad. Quienes suelen hacer tachaduras, previendo que no les dejen usar tippex, pueden optar por un **bolígrafo borrable por fricción** (marca Pilot o similar) que elimina cualquier rastro de su propia tinta. No obstante, determinados "bolígrafos rápidos" que se basan en tinta tipo gel, suelen ser peor para opositores **zurdos**, por razones obvias. Recordamos la necesidad de seguir exactamente las **instrucciones** que nos dé el tribunal al respecto, habida cuenta tenemos experiencias sobre la **anulación** de exámenes por el uso de este tipo de herramienta de escritura.
- No olvidemos que la mayoría de los títulos de los temas tienen tres puntos, por lo que debemos **dividir** la totalidad de materia que escribamos en tres partes similares. De esa forma, evitamos exponer mucho contenido de una parte en perjuicio de otra. Así pues, normalmente haremos tres puntos con varios sub-puntos cada uno buscando la conexión entre los mismos. Además, pondremos el **índice** al principio, tras el título, **introducción**, **conclusiones**, **bibliografía** -que incluye la legislación- y webgrafía. En **resumen**, queda muy bien, limpio y "amplio", la estructuración del examen de esta manera:

  - **Título** del Tema. 1ª página. Mayúsculas y en una única página.
  - **Índice**. 2ª página. En una sola página.
  - **Introducción**. 3ª y 4ª página. Debe tener cierta peculiaridad con objeto de atraer la curiosidad del corrector. Nombrar los descriptores del título y en cada uno dar una o dos referencias del mismo. Podemos "presentarlo" a través de su importancia en el currículo y citar sus referencias legislativas. Usar, preferentemente, dos páginas.
  - **Apartados o descriptores** y los sub-apartados. 5ª página. Es el eje alrededor del cual gira la nota relativa a los contenidos. Incluye definiciones, clasificaciones, teorías, líneas metodológicas, referencias curriculares, aplicaciones prácticas, actividades, etc., todo ello citando a autores y normativa que luego quedarán reflejados en la bibliografía, pero con una redacción técnica. En cualquier caso debemos marcar claramente cuándo finalizamos el primer punto y comenzamos el siguiente. Si somos "olvidadizos", podemos dejar un interlineado relativamente amplio por si nos acordamos después de algún detalle olvidado y deseamos incorporarlo sin tachones.

- **Conclusiones**. Lo más notable que hemos tratado, los puntos clave. Al ser lo último que el corrector lee, deben estar muy cuidadas porque puede influir decisivamente en la nota.
- **Bibliografía**. Reseñar algún libro "comodín" y de los autores nombrados anteriormente. También la legislación significada.
- **Webgrafía**. Alguna general, como revistas digitales, o específica.

En cualquier caso, es **imprescindible** conocer los **criterios de evaluación** que van a seguir los tribunales, máxime si son públicos, como viene ocurriendo en varias comunidades autónomas, y en Andalucía de forma más concreta, tal y como hemos citado en el capítulos anteriores. Debemos, pues, hacer caso de ellos y citar o desarrollar todos los **aspectos** que los criterios mencionan.

Precisamente, el tiempo no lo podemos "regalar" ni despreciar, por lo que si terminamos el examen y aún quedan cinco o diez minutos, debemos **repasar** lo escrito por si se nos ha olvidado algo relevante o no hemos puesto la debida atención a las faltas gramaticales, sesgos sexistas, escritura con "códigos SMS", etc. Así pues, debemos agotar el tiempo subsanando cualquier error.

Si la preparación ha sido buena, nada más hacerse el sorteo de los temas, debemos decidirnos por uno. Inmediatamente nos concentramos y empezamos a desarrollarlo, porque debemos ya tener **"automatizada"** su escritura. Si empezamos a dudar, comenzamos a perder el escaso tiempo que nos dan.

En caso de haber estudiado con "**esquemas**", lo mejor sería hacernos uno en sucio para usarlo como guía en la redacción del examen. Este folio nos sirve también para tomar notas, para ir estructurando el tema, etc. Pero, repetimos, la escritura del tema debemos tenerla automatizada porque si no perdemos el tiempo. Esta hoja la destruiríamos al terminar.

Si hemos preparado una introducción, conclusiones, bibliografía y webgrafía "estándar", podemos irlas escribiendo en el llamado "**tiempo perdido**" que suele haber desde que nos dan los folios hasta que sortean los números de los temas. Después podemos añadir los rasgos específicos del tema ya elegido.

Nuestros preparados suelen preguntarnos por la expresión a usar. Aconsejamos el "**plural mayestático**" (*nosotros, ahora vemos, podemos seguir, observamos*, etc.)

Otro aspecto importante es la **elección** del tema de entre los sorteados. Debemos hacer el que dominemos mejor, el que ya lo hayamos escrito muchas veces durante la preparación, el que nos garantice escribir más folios, en suma, el que nos dé más seguridad.

No olvidar llevarse **agua** y alguna pieza de **fruta**. Normalmente a finales de junio suele hacer mucho **calor** y la sensación de éste aumenta con la tensión del examen.

Ahora adjuntamos una **hoja con un resumen** de los **aspectos formales** del examen escrito del tema, aunque aplicable también a la redacción de los **casos prácticos**.

MODELO ESTÁNDAR DE PRESENTACIÓN PARA PRUEBA ESCRITA

2.- COORDINACIÓN Y EQUILIBRIO EN LA INICIACIÓN AL FÚTBOL ESCOLAR

2.1. CONCEPTUALIZACIONES PRELIMINARES.

Desde un primer momento es adecuado tener en cuenta que cualquier movimiento, por mínimo que sea, requiere coordinación y equilibrio adecuados. Por ejemplo, abrir y cerrar una mano conlleva que una serie de grupos musculares realicen (agonistas) la acción y que otros se relajen (antagonistas) para que aquéllos puedan actuar, así como que otros grupos estabilicen (fijadores) los de la muñeca para que lo anterior pueda tener lugar (Téllez, 2014).

La coordinación nos permite hacer lo pensado, es decir, realizar la imagen mental que nos hemos hecho, el esquema motor. Está íntimamente ligada a las habilidades y destrezas básicas a través de su relación con la coordinación dinámico general y la coordinación óculo-segmentaria, respectivamente (Mateos y Garriga, 2015).

Precisamente, las edades porpias de la Primaria son las más críticas para el desarrollo de las capacidades coordinativas (Bugallal, 2011).

Si nos fijamos atentamente en un partido de fútbol podemos observar numerosas acciones diferentes y que, mal hechas, pueden producir lesiones, como dejinses:

a) Carreras
b) Saltos
c) Giros
d) Lanzamientos

Todos ellos con infinidad de VARIANTES. Para que todos esos gestos "salgan bien" ~~havrá~~ habrá sido necesario un director que regule todos los mov. Esta es la función del sistema nervioso.

PARTES ESTÁNDARES A TODOS LOS TEMAS.

Muchas de las personas que preparamos tienen **problemas** por la falta de tiempo o de, simplemente, por ser poco capaces de aprender **introducciones, conclusiones, bibliografías, legislación y webgrafía** de cada uno de los temas.

Uno de los **remedios** para no "castigar" la memoria es confeccionarse unos "**estándares**" o "**comunes**" que den servicio a estos apartados.

Si a ello le unimos la racionalidad en la confección del Índice, a partir de los tres o cuatro apartados o descriptores del título del tema, hemos ahorrado un esfuerzo a nuestra memoria.

Así pues, vamos a dar una serie de **consejos** para que cada persona lectora los elabore de una forma sencilla pero eficaz unos textos usuales, si bien deberíamos a continuación podríamos **complementarlos** con unos **rasgos específicos** del tema que, prácticamente, nos vienen dado por el **título** del tema que nos escribirá el tribunal en la pizarra de la sala de examen. Por ejemplo, si la Introducción la hacemos en dos páginas, los aspectos comunes pueden suponer entre el 60-75 %, es decir, página y un tercio de la siguiente. Si la Conclusión la hacemos en una única, las tres cuartas partes podemos dedicarla a los textos estandarizados y el resto a los concretos del tema escrito.

INTRODUCCIONES COMUNES A TODOS LOS TEMAS

Cuando hemos hablado con los componentes de los tribunales, habitualmente nos indican que suelen fijarse en el "detalle" de si el opositor ha puesto desde el principio o no **referencias** a la **legislación actual**, debido a que suelen entender que cualquier tema debe redactarse **a partir** de las leyes educativas, decretos y órdenes que las desarrollan. Así pues, debemos hacer mención, **respetando su jerarquía**, de:

- Ley Orgánica 8/2013, de 9 de diciembre, para la mejora de la calidad educativa (LOMCE). B.O.E. nº 295, de 10/12/2013.
- Ley Orgánica 2/2006, de 3 de mayo, de Educación (LOE). B.O.E. nº 106 del 04/06/2006. (Modificada por la LOMCE/2013).
- Ley 17/2007, de 10 de diciembre, de Educación en Andalucía. B.O.J.A. nº 252, de 26/12/2007.
- M. E. C. (2014). *Real Decreto 126/2014, de 28 de febrero, por el que se establece el currículo básico de la Educación Primaria.* B. O. E. nº 52, de 01/03/2014.
- M.E.C. (2015). *Orden ECD/65/2015, de 21 de enero, por la que se describen las relaciones entre las competencias, los contenidos y los criterios de evaluación de la educación primaria, la educación secundaria obligatoria y el bachillerato.* B.O.E. nº 25, de 29/01/2015.
- JUNTA DE ANDALUCÍA (2015). *Decreto 97/2015, de 3 de marzo, por el que se establece la ordenación y el currículo de la educación Primaria en la comunidad Autónoma de Andalucía.* BOJA nº 50 de 13/013/2015.
- JUNTA DE ANDALUCÍA (2015). *Orden de 17 de marzo de 2015, por la que se desarrolla el currículo correspondiente a la educación Primaria en Andalucía.* BOJA nº 60 de 27/03/2015.

No obstante, entendemos que sería un buen detalle **citar** también a las **Competencias Clave**, habida cuenta su importancia a partir de la publicación de la LOE/2006, actualizada por la LOMCE/2013.

Igualmente podemos hacer mención a la legislación correspondiente a la evaluación o a la relacionada con la atención a la **diversidad**, pero tanto texto no nos cabe, de ahí la necesidad de **sintetizar** la información que consideremos más representativa.

Otra línea es plasmar alguna "**frase hecha**", como "*enseñar Educación física con éxito supone diseñar una programación coherente con el contexto, disponer de un amplio abanico de estrategias didácticas, generar un clima de clase que invite al aprendizaje, utilizar adecuadamente los recursos materiales y tecnológicos e integrar la evaluación en el proceso de aprendizaje*" (Blázquez y otros, 2010).

Otro ejemplo puede ser: "*Uno de los fines genéricos que persigue la Educación Física escolar es el de favorecer la ubicación personal del alumno/a en la sociedad, en una cultura corporal donde la escuela proporcione al alumnado los medios apropiados para su acceso y, en consecuencia, conseguir los beneficios que de ella pueden conseguir: desarrollo personal; equilibrio psicofísico; mejorar la salud; disfrutar del tiempo de ocio; etc., así como el desarrollo de la autonomía personal ante las influencias que imponen los nuevos mitos sociales*". "*El cuerpo y el movimiento como ejes básicos de nuestra acción educativa*"; "*el área de Educación Física se muestra sensible a los acelerados cambios que experimenta la sociedad…*"; "*la importancia de las relaciones interpersonales que se generan alrededor de la actividad física permiten incidir en la asunción de valores como el respeto, la aceptación, la cooperación…*", procedentes de legislaciones pasadas, pero de plena actualidad por la temática expresada.

Posteriormente, en la Introducción debemos hacer referencias a la materia que trata el tema elegido, lo que antes hemos referenciado como "rasgos específicos". Esto nos resulta fácil con un poco de práctica, simplemente comentando una o dos líneas a partir del título del tema que el tribunal detalla en la pizarra. No obstante, el sentido de lo que expresemos debe ir encaminado a lo que "vamos a tratar en el desarrollo del tema…"

CONCLUSIONES COMUNES A TODOS LOS TEMAS

Si en las introducciones se basan en lo que "vamos a estudiar en el tema…", con las Conclusiones ocurre al contrario: "a lo largo del tema hemos visto (escrito, estudiado, tratado, etc.) la importancia de…" Para ello podemos **actuar** como antes, es decir, un par de **párrafos comunes** a todas las temáticas. Por ejemplo, "la trascendencia del conocimiento del propio cuerpo, vivenciándolo y disfrutándolo, además de respetarlo". Otra posibilidad es incluir un párrafo basándonos en algunos ejemplos de estos textos **estandarizados**:

"*Todos los niños y niñas tienen el derecho a una educación de calidad que permita su desarrollo íntegro de sus posibilidades intelectuales, físicas, psicológicas, sociales y afectivas*" (Decreto 328/2010). "*Entendemos la etapa de primaria como fundamental para el desarrollo de las capacidades motrices del alumnado y donde el docente debe observar las deficiencias de éstos para corregirlas lo más rápidamente posible*".

En Andalucía, la O. 17/03/2015, indica que: "*la Educación Física es un área en la que se optimizan las capacidades y habilidades motrices sin olvidar el cuidado del cuerpo, salud y la utilización constructiva del ocio. En Educación física se producen relaciones de cooperación y colaboración, en las que el entorno puede ser estable o variable, para conseguir un objetivo o resolver una situación. La atención selectiva, la interpretación de las acciones de otras personas, la previsión y anticipación de las propias acciones teniendo en cuenta las estrategias colectivas, el respeto de las normas, la resolución de problemas, el trabajo en grupo, la necesidad de organizar y adaptar las respuestas a las variaciones del entorno, la posibilidad de conexión con otras áreas, el juego como herramienta primordial, la imaginación y creatividad".*

Posteriormente plasmamos algunos rasgos de lo más característico que hemos escrito durante la redacción del tema escogido. Realmente se trata de que destaquemos lo más trascendental de cada uno de los apartados de los descriptores del título, pero con información nueva, expresando que "a lo largo del tema hemos visto la importancia de…" o "hemos indicado en la redacción del tema los conceptos, clasificaciones, didáctica de…".

BIBLIOGRAFÍA COMÚN A TODOS LOS TEMAS

Hay quien diferencia **bibliografía** de **legislación**. Nosotros, al estar ambos documentos en formato papel, lo **unificamos**.

Evidentemente cada tema tiene una serie de volúmenes principales o monográficos de apoyo, pero también está muy claro que hay una serie de **libros generales de didáctica** que vienen muy bien tenerlos en cuenta para ponerlos en la mayoría de los temas. Son las publicaciones que habitualmente se manejan en las facultades de Magisterio. Los tribunales suelen valorar más ediciones de los **últimos años**, aunque siempre habrá libros "clásicos", sobre todo las **monografías** de conocidos autores y que son muy **específicas** de los **temas**. Por ejemplo, Delgado Noguera en temas relacionados con la metodología y organización; Blázquez con evaluación y con la iniciación deportiva; Rigal en motricidad, etc.

Algunos ejemplos de bibliografía **común**, es decir, libros que prácticamente en su totalidad tratan **todas** las **materias** de los veinticinco temas, son:

ADAME, Z. y GUTIÉRREZ DELGADO, M. (2009). *Educación Física y su Didáctica. Manual de Programación*. Fondo Editorial de la Fundación San Pablo Andalucía CEU. Sevilla.

ARRÁEZ, J. M.; LÓPEZ, J. M.; ORTIZ, Mª M. y TORRES, J. (1995). *Aspectos básicos de la Educación Física en Primaria. Manual para el Maestro*. Wanceulen. Sevilla.

BLÁZQUEZ, D.; CAPLLONCH, M.; GONZÁLEZ, C.; LLEIXÁ, T.; (2010). *Didáctica de la Educación Física. Formación del profesorado*. Graó. Barcelona.

CAÑIZARES, J. Mª y CARBONERO, C. (2009). *Currículum de Educación Física en Primaria para Andalucía*. Wanceulen. Sevilla.

CAÑIZARES, J. Mª y CARBONERO, C. (2009). *Currículum de Educación Física en Primaria*. Wanceulen. Sevilla.

CHINCHILLA, J. L. y ZAGALAZ, M. L. (2002). *Didáctica de la Educación Física*. CCS. Madrid.

CONTRERAS, O. R. y GARCÍA, L. M. (2011). *Didáctica de la Educación Física. Enseñanza de los contenidos desde el constructivismo*. Síntesis. Madrid.

CONTRERAS, O. y CUEVAS, R. (2011). *Las Competencias Básicas desde la Educación Física*. INDE, Barcelona.

FERNÁNDEZ GARCÍA, E. -coord.- (2002). *Didáctica de la Educación Física en la Educación Primaria*. Síntesis. Madrid.

FERNÁNDEZ GARCÍA, E. -coord.- CECCHINI, J. A. y ZAGALAZ, Mª L. (2002). *Didáctica de la educación física en la educación primaria*. Síntesis. Madrid.

GALERA, A. D. (2001). *Manual de didáctica de la educación física. Una perspectiva constructivista moderada*. Vol. I y II. Paidós. Barcelona.

GIL MORALES, P. (2001). *Metodología didáctica de las actividades físicas y deportivas*. Fundación Vipren. Cádiz.

SÁENZ-LÓPEZ, P. (2002). *La Educación Física y su Didáctica*. Wanceulen. Sevilla.

SÁNCHEZ BAÑUELOS, F. (1996) *Bases para una Didáctica de la Educación Física y los Deportes*. Gymnos. Madrid.

SÁNCHEZ BAÑUELOS, F. y FERNÁNDEZ, E. -coords.- (2003). *Didáctica de la Educación Física para Primaria*. Prentice Hall.

SÁNCHEZ GARRIDO, D. y CÓRDOBA, E. (2010). *Manual docente para la autoformación en competencias básicas*. C.E.J.A. Málaga.

VICIANA, J. (2002). *Planificar en Educación Física*. INDE. Barcelona.

VILLADA, P. y VIZUETE, M. (2002). *Los Fundamentos teóricos-didácticos de la Educación Física*. Secretaría General Técnica del M. E. C. D. Madrid.

VV. AA. (2008). *Colección de manuales de atención al alumnado con necesidades específicas de apoyo educativo*. (10 volúmenes). C. E. J. A. Sevilla.

ZAGALAZ, Mª L.; CACHÓN, J.; LARA, A. (2014). *Fundamentos de la programación de Educación Física en Primaria*. Síntesis. Madrid.

Esta relación, o parte de ella, no debe aparecer en exclusiva. Antes que nada debemos recordar que es muy conveniente **reseñar autores y año** de publicación **durante** la **redacción** de los diversos apartados o descriptores. Esto, obviamente, nos obliga a incluirlos en la bibliografía "específica" de cada tema. Por ejemplo, en los temas relacionados con la psicomotricidad (7 – 9 – 10 – 11) recomendamos citar a:

RIGAL, R. (2006). *Educación motriz y educación psicomotriz en Preescolar y Primaria*. INDE. Barcelona.

SASSANO, M. (2015). *El cuerpo como origen del tiempo y del espacio. Enfoques desde la Psicomotricidad*. Miño y Dávila editores. Buenos Aires.

TAMARIT, A. (2016). *Desarrollo cognitivo y motor*. Síntesis. Madrid.

Hay una serie de **documentos legislativos** "obligatorios" porque, entre otras cosas, los hemos debido referir en el examen escrito. Además, debemos reseñar otros **específicos** de los temas. Por ejemplo, si tratamos la "evaluación", debemos anotar la Orden de 4 de noviembre de 2015, por la que se establece la ordenación de la evaluación del proceso de aprendizaje del alumnado de educación Primaria en la Comunidad Autónoma de Andalucía.

La legislación general ya la hemos indicado en el apartado anterior sobre "Introducciones comunes", aunque referida a Andalucía. **Cada persona opositora debe adecuarla a la comunidad autónoma donde se presente.**

WEBGRAFÍA COMÚN A TODOS LOS TEMAS

Hoy día muchas de nuestras fuentes consultadas se encuentran en **Internet**, de ahí que debamos señalar algunas **webs fiables**. Nos inclinamos por revistas electrónicas de prestigio en la didáctica general y en la educación física en particular, así como a los portales de las propias **consejerías** de educación de la comunidades autónomas. Todas ofrecen recursos didácticos, experiencias... y legislación aplicada.

Algunos ejemplos, son:

http://www.agrega2.es
http://recursos.cnice.mec.es/edfisica/
http://www.ite.educacion.es/es/recursos
http://www.educarm.es/admin/recursosEducativos#nogo
www.juntadeandalucia.es/educacion/descargasrecursos/curriculo-primaria/index.html
http://www.gobiernodecanarias.org/educacion/webdgoie/
http://www.educarex.es/web/guest/apoyo-a-la-docencia
http://www.catedu.es/webcatedu/index.php/recursosdidacticos
http://www.adideandalucia.es

TEMA 15

LA EDUCACIÓN FÍSICA Y EL DEPORTE COMO ELEMENTO SOCIOCULTURAL. JUEGOS Y DEPORTES POPULARES, AUTÓCTONOS Y TRADICIONALES. ACTIVIDADES FÍSICAS ORGANIZADAS EN EL MEDIO NATURAL.

ÍNDICE

INTRODUCCIÓN

1. LA EDUCACIÓN FÍSICA Y EL DEPORTE COMO ELEMENTO SOCIOCULTURAL.

    1.1. Deporte, sociedad y cultura.

    1.2. Cuerpo y educación física en la sociedad y cultura actuales.

2. JUEGOS Y DEPORTES POPULARES, AUTÓCTONOS Y TRADICIONALES.

    2.1. Los juegos y deportes populares.

    2.2. Los juegos y deportes autóctonos.

    2.3. Los juegos y deportes tradicionales.

        2.3.1. Distribución geográfica y clasificación de los juegos y deportes tradicionales en España.

        2.3.2. Juegos y deportes tradicionales en Andalucía.

    2.4. Juego popular, autóctono y tradicional en el currículo de educación física.

    2.5. Ejemplos de aplicación del juego popular.

3. ACTIVIDADES FÍSICAS ORGANIZADAS EN EL MEDIO NATURAL.

    3.1. Clasificación.

    3.2. A.F.O. en el medio natural y currículo de educación física.

    3.3. A.F.O. en el medio natural y normas de organización y seguridad.

CONCLUSIONES

BIBLIOGRAFÍA

WEBGRAFÍA

INTRODUCCIÓN

El título de este Tema engloba a tres "subtemas", con cierta independencia entre ellos, por lo que su tratamiento debe estar compensado.

En el primero estudiamos la importancia que tiene la actividad física y el deporte en nuestra sociedad, la cual es consciente de la necesidad de incorporar a la cultura y a la educación básica aquellos conocimientos, destrezas y capacidades que, relacionados con el cuerpo y su actividad motriz, contribuyen al desarrollo personal y a una mejor calidad de vida. Hay una demanda social para que eduquemos hacia el cuidado del cuerpo, la práctica de la condición física-salud y para la utilización constructiva del ocio mediante las actividades recreativas y deportivas, máxime hoy día donde disponemos de más tiempo libre.

La segunda trata sobre los juegos populares, tradicionales y autóctonos. El R. D. 126/2014 menciona en muchas ocasiones el poder que tiene el juego de toda índole como elemento sociocultural, la importancia que tienen las formas lúdico-físicas populares, tradicionales y autóctonas en la transmisión de la cultura de las regiones y cómo, a través de su práctica, el alumnado mejora motrizmente, establece relaciones con los demás y transfiere su conocimiento a las nuevas generaciones, además de ocupar racionalmente su tiempo libre convirtiéndolo en saludable.

Por último, el título del Tema nos pide que tratemos cómo debemos proceder con las actividades físicas organizadas en el medio natural. También el R. D. 126/2014 nos dice que el alumnado podrá conocerlo a través de las actividades que programemos en él, de esta forma contribuiremos a que lo comprendan, cuiden y defiendan.

El medio natural nos ofrece una serie de características que lo hacen ideal para trabajarlo en nuestra Área: amplitud de espacios, medio no conocido, abundancia de estímulos, contacto real con temas de estudio escolar, intensidad de la experiencia, poder de rememoración, entre otros (Miguel, 2005).

Pocos campos han tenido un avance tan espectacular en las últimas décadas como las actividades físicas en el medio natural. De este modo, las actividades físicas en la naturaleza se convierten en dinamizadoras de economías rurales, vías de escape de la rutina y el estrés de las grandes ciudades, objeto de servicios deportivos de primer orden, campo de juego de una población deseosa de nuevas sensaciones deportivas y, para otras personas, actividad no competitiva que ayuda a conseguir salud en el sentido más amplio del término. En ello tiene especial protagonismo las "empresas de servicios" (Sánchez, 2005).

1. LA EDUCACIÓN FÍSICA Y DEPORTE COMO ELEMENTO SOCIOCULTURAL.

Puntualizamos cada término:

- **Educación Física.-** Es la pedagogía del uso motor que hacemos del cuerpo. En este sentido, Parlebas (2003), la define como *"la ciencia de la conducta motriz, es decir, la organización del comportamiento motor"*.

- **Deporte.-** Actividad lúdica sujeta a reglas fijas y controladas por organismos internacionales que se practica de forma individual y colectiva (Gómez Mora, 2003).

- **Sociedad**.- Es el conjunto de relaciones del ser humano con sus semejantes. Un agrupamiento organizado y complejo. El proceso de socialización tiene lugar a lo largo de la vida de las personas (Paredes, 2003).
- **Cultura**.- Es el carácter, la calidad, el modo e idiosincrasia de esas relaciones sociales. Hace hincapié en los recursos acumulados que las personas heredan, utilizan, transforman, aumentan y transmiten (Paredes, 2003).

El deporte, en nuestra cultura, disfruta de una dinámica social en continuo progreso, dejando las puertas abiertas al crecimiento y cambio constantes. Las actividades físicas, lúdicas y deportivas del siglo XX se convirtieron en un símbolo cultural, una realidad que dejó huella en la sociedad: espectáculos, hábitos, mitos, publicaciones, comunicación, multimedia, moda deportiva y hasta una filosofía de vida (Paredes, 2003).

1.1. DEPORTE, SOCIEDAD Y CULTURA.

El deporte cumple con el valioso deber de ofrecer una estructura lúdica, que es capaz de conectar el microcosmos **personal** con el macrocosmos **social** (Paredes, 2003).

Como hecho **individual** la persona desea mejor **condición** física y psíquica. Como hecho **social**, tanto la práctica como su contemplación constituyen una de las más populares formas de utilización del **tiempo libre** y la base de una poderosa **industria** de servicios.

La hegemonía alcanzada por el deporte como fenómeno **cultural** explica las diversas formas de practicarlos. En este sentido, Lagardera (1995), indica los siguientes subsistemas:

- Subsistema **federativo**. Constituido por personas, instituciones y recursos de todo tipo.
- Subsistema **asociativo**. La práctica deportiva realizada en clubes y asociaciones no relacionadas directamente con las federaciones.
- Subsistema **grupal no asociativo**. Grupos de deportistas no organizados de forma institucional que utilizan instalaciones no pertenecientes a clubes.
- Subsistema **individual**. Deportistas que realizan la práctica independiente.

Paredes, (2003) revela que el deporte, como acción humana, tiene tres dimensiones sociales:

- Dimensión **educativa**. Formación escolar y extraescolar.
- Dimensión **recreativa**. Especialmente, aunque no de forma exclusiva, destinado para la segunda y tercera edad y grupos especiales.
- Dimensión **competitiva**. Desde la escolar hasta la elite profesional.

El deporte es uno de los elementos **imprescindibles** en toda cultura, sobre todo en la actualidad donde disponemos de mucho **tiempo libre** para gastarlo en temas culturales, hasta el punto que se le suele llamar "**la cultura del ocio**" (Vázquez, 1990).

El deporte es cultura en todos sus aspectos y esto se justifica porque:

- Surge en las capas más **arcaicas** de la cultura y constituye un patrimonio que se **transmite** por libros y otros medios, además de su propia práctica de generación en generación, como el juego y deporte popular.
- Es un rasgo de las culturas que, por naturaleza, posee un gran potencial de difusión entre las mismas, lo que implica mayor entendimiento entre los pueblos (Andreu, 2006).
- Con el deporte hay **comunicación** y estética, creación e inteligencia.

El deporte cumple con una función social además de poseer valor cultural, su comercialización y su calidad de producto de **consumo** de primer orden, lo acopla al esquema de la cultura de masas, (Vázquez 1990).

Una nota característica de todo juego es su fuerte matiz **sociológico**, la existencia de **reglas** que regulan la actuación del grupo. Si no se siguen, no hay juego; hay, en todo caso, una acción distensora, espontánea que sólo por la sumisión voluntaria a las reglas se convierte en juego. En el lenguaje infantil la liberación de las reglas se expresa claramente al decir "ya no juego".

El carácter socializador de los juegos, aparte de la sumisión a las reglas, tiene una doble vertiente:

- En ciertos juegos el esfuerzo **individual** está en parangón con el de los demás participantes y el sometimiento a las reglas permite la igualdad de posibilidades, evitar fricciones con los demás, etc.
- En otros juegos, por tener carácter de **equipo**, la socialización es más acusada, hay que convivir con todos los participantes y el equipo debe ser un grupo fundamentado en las diversas individualidades.

Con el aprendizaje de un deporte, el alumnado puede interiorizar unas normas y valores sociales que le llevará a:

- Reconocer las normas como válidas (conformidad normativa).
- Saber reconocerse a sí mismos en relación a los demás (identidad).
- Saber comprometerse con el colectivo al que pertenece (solidaridad).
- Participar con toda su realidad corporal como ser social.

Desde el deporte, la **socialización** tiene un doble prisma (Paredes, 2003):

- **Socialización deportiva**: proceso mediante el cual la cultura deportiva es adquirida por los sujetos sociales, hasta tal punto que forma parte de su personalidad.
- **Socialización a través del deporte**: una vez adquirida la cultura deportiva, ésta facilita mecanismos y recursos para integrarse en la sociedad.

El deporte tiene una gran penetración en el tejido social actual. La **familia** se convierte en el primer agente transmisor de la cultura, pues mediante condicionamientos precoces traspasa a sus hijos esquemas incorporados, que son la base sobre la que se fijarán los hábitos que, asimilados de forma inconsciente al esquema de pensamiento, definen todo un sistema de percepciones y disposiciones que irán construyendo lentamente la personalidad.

En el sistema educativo radica el segundo nivel. La escuela, a través de una complicada red de relaciones simbólicas, refuerza y hace emerger actitudes positivas hacia la práctica del deporte. Normalmente una escuela que tiene en su currículo una oferta deportiva formal complementada con otra no formal o extraescolar, es considerada como un factor clave de calidad educativa, por la significación saludable y formativa que ello tiene (Paredes, 2003).

El potencial socializador será positivo o negativo según el propio alumno, su actitud, el estilo del grupo y la situación social. En todo caso, la influencia del deporte en la socialización del alumnado es una tendencia positiva que se añade al resto de los componentes de la socialización.

1.2. CUERPO Y EDUCACIÓN FÍSICA EN LA SOCIEDAD Y CULTURA ACTUALES.

En la sociedad del S. XXI, el **músculo** no es solo el motor inmediato del movimiento, sino también apariencia, autoestima, rendimiento e, incluso, forma parte de nuestro **comportamiento social** (Legido y otros, 2009).

Para Vázquez (1990), la cultura y la sociedad actuales resaltan y ensalzan el cuerpo hasta el punto de que algunos lo toman como **símbolo** de nuestra época, a la vez que, aquí y allá, se descubren señales contradictorias de desprecio y hasta agresividad hacia él: alcohol, drogas, pastillas estimulantes, etc. El **modelo** cultural que se impone en la sociedad es el del cuerpo joven, sano, hábil, fuerte, estético y atlético.

Por su lado, Blázquez (2001) expone que con las influencias propias de toda sociedad postindustrial, asistimos actualmente a una **recuperación** de lo corporal. El cuerpo se convierte en un lugar de conflicto que da lugar a diferentes sensibilidades. Ya no hay un único modelo corporal, sino muchas maneras de entender al cuerpo. La educación física deberá ajustarse a los cambios culturales de la sociedad moderna y a sus consecuencias. Esto queda reflejado en el espectacular crecimiento de la cultura del cuerpo y del movimiento.

La idealización del cuerpo como proyecto supone, por una parte, considerar el cuerpo -su salud, su apariencia- como aspiración en sí misma y, por otra, considerar que dicho afán resulta alcanzable sólo con el esfuerzo personal, minusvalorándose la influencia de factores sociales, económicos y culturales (Devís, 2000).

La **publicidad** nos invade con imágenes y productos relacionados con la exaltación del cuerpo. Ya desde los últimos años del siglo XX, cualquier tema relacionado con el cuerpo empezó a venderse bien y las prácticas corporales continúan en auge. Esto ha favorecido que la educación física se vea cada vez mejor.

En este sentido también se manifiesta Navarro (2007), al afirmar que los medios de información y el propio mercado **se sirven** del cuerpo activando una serie de valores centrados en la estética y el culto al cuerpo. La escuela es una de las instituciones perjudicadas, pues este culto corporal es una opción que se inclina por un ideal concreto de cuerpo, tal y como propone la **moda**.

Así pues, los medios se suman a esta idea del cuerpo al servicio del desarrollismo económico y conforman un fenómeno social que es el causante de una nueva sacralización del cuerpo en tres sentidos: **belleza**, **salud** y **rendimiento** (Vázquez, 2001).

Todo tipo de medio de comunicación influye en el ámbito del comportamiento cotidiano, donde tenemos personas que prefieren andar a coger el coche para desplazamientos cortos y medios. En este sentido, el actual nivel de insistencia al respecto en **televisión** y **redes sociales** conduce a variaciones significativas de los estilos de vida. De hecho, el actual, se mueve por una ética del beneficio y del consumo que va en contra de la ética de la salud (Durbá, 2006). También, muchas **App** han aparecido: "runtastic", "seven", "fatsecret", etc. son algunos ejemplos.

Si pensamos en los fines de semana, progresivamente alargados, y en las vacaciones anuales, también ampliadas y generalizadas, veremos que el **programa** que se hace para unas y otras incluye de una manera destacada actividades físicas y deportivas de un tipo u otro, además de cuidados del cuerpo. Prueba de ello son los hoteles y resorts que cada vez tienen más servicios tipo "SPA".

Las actividades relativas al cuerpo muestran tener su fundamentación en valores sociales de un grado elevado. Para unos serán razones de **salud**, de desarrollo de la **capacidad física** o de "mantenimiento"; para otros serán razones de tipo **estético**, como aproximación a los **modelos** en boga; para otros será el simple **disfrute** del cuerpo en movimiento, la satisfacción de superar sucesivas pruebas o a un competidor.

Estamos ya ante un **nuevo** tipo de prácticas referidas directa y principalmente al cuerpo, acompañadas de valores y normas que reflejan, a la vez que impulsan, nuevos **cambios** sociales, por ejemplo, al disponer de más tiempo libre, el ocio se convierte en negocio.

El problema aparece cuando, ante la creciente imposibilidad de conseguir los modelos corporales socialmente construidos como deseables, (jóvenes, esbeltos o musculosos, dinámicos, atractivos, y un largo etcétera), termina siendo fuente de angustia. Así pues, el deseo de alcanzar esa imagen ideal, unido a la práctica imposibilidad lograrlo, provoca, en general, un autoconcepto corporal negativo lo cual, unido a otros factores, a veces se traduce en graves enfermedades sociosomáticas como la **anorexia**, la **bulimia** y la **vigorexia** (Zagalaz, Cachón y Lara (2014). Recientemente se ha detectado la **"ortorexia"** u obsesión por la comida sana hasta un punto patológico.

Muchas de estas personas se afligen diariamente a causa de su físico, incluso cuando su figura se acerca a los estándares actuales (López Miñarro, 2002).

También López Miñarro (2002) alerta sobre las falsas creencias y los efectos negativos que sobre la salud existen hoy día en nuestra sociedad. Por ejemplo, dietas milagrosas, cuerpo artificial, etc. que tanto espacio ocupa en la publicidad de los medios de comunicación.

2. JUEGOS Y DEPORTES POPULARES, AUTÓCTONOS Y TRADICIONALES.

Fijamos el significado de cada componente (Cañizares y Carbonero, 2009):

- **Juego**. Actividad lúdica, espontánea, voluntaria, sin reglas oficiales y que tiene un fin en sí mismo.
- **Deporte**. Juego que consiste en el cumplimiento coordinado de los esfuerzos físicos y morales, según un tema arbitrariamente determinado, llamado reglamento y que está institucionalizado.
- **Popular**. Indica que es practicado por grandes masas de ciudadanos, que está dentro de una comunidad muy numerosa, con muchos seguidores. Conocido por la población de un modo natural a través de esquemas de difusión oral.

- **Autóctono.** Expresa que es originado o creado en la misma zona geográfica.
- **Tradicional.** Especifica que viene arrastrado a lo largo del tiempo, dándose a conocer de generación en generación. Generalmente se derivan del quehacer diario y se han extendido gracias a la difusión oral y jugada.

De esta forma podemos encontrarnos con juegos autóctonos pero no tradicionales, o que sean populares pero no autóctonos o juego popular que no sea deporte, etc.

El **juego** popular supone un primer estadio evolutivo derivado de una actividad profesional, con reglas flexibles y previamente pactadas y un estilo de juego campechano. En cambio, el **deporte** popular supone una evolución hacia su complejidad técnica, organización y reglamentación oficial, así como un entrenamiento y profesionalismo para obtener rendimiento.

2.1. LOS JUEGOS Y DEPORTES POPULARES.

Ya el mismo comienzo del juego popular suele tener características peculiares. Para el **reparto** de los papeles se suele emplear el azar o, simplemente, la exigencia de una mayor habilidad. Algunas de las formas más usuales de sorteo están hechas con una moneda al aire o tirarla a una raya, hacer pares/nones con los dedos de la mano, con series de números o canciones, etc. Esto ya es **tradición popular** (Andreu, 2006).

Casi en cualquier sitio se puede jugar, por ejemplo la plaza pública, un descampado, etc., porque el terreno puede estar delimitado por piedras, árboles, paredes... Las reglas son una constante, una imagen de las leyes sociales posteriores, sin embargo el niño percibe que debe **aceptar** las normas del juego si quiere jugar.

Las normas de los grupos o pandillas son un excelente ejercicio para la práctica de las virtudes humanas sociales: sinceridad, lealtad, honradez, etc.

El juego popular ha ido **evolucionando**, prueba de ello es que en los últimos años algunos móviles o "artefactos" han sido captados por los niños siendo popularizado su uso en calles, parques comunales y públicos. Tal es el caso del disco volador o "frisbee", patinetes, monopatines o "skates", etc. y que nada tienen que ver con los recursos de antaño: trompos, canicas, aros metálicos, limas, pequeñas piedras o "chinas", etc.

Podemos afirmar que en las plazas y parques públicos, que en los años 50 y 60 del pasado siglo eran habituales los juegos de "pídola", "bombilla", "teje", "elástico", etc. hoy es normal observar otros móviles, incluidos los de tipo electrónico (García Nozal, 2011). Pretendemos que niñas y niños de ahora abandonen durante un tiempo las consolas y juegos de "última generación" para que se diviertan como se hacía en otro tiempo (Rodríguez y Fernández, 2015).

No olvidemos que a principios del siglo XXI surgen nuevas formas lúdicas, la mayoría relacionadas con Internet: juegos en línea, foros, chats, etc. que entran en **competencia** con al juego motor popular. Además, al inicio de la segunda década del siglo XXI, han surgido con mucha fuerza las llamadas "**redes sociales**", que las emplean de forma mayoritaria nuestro alumnado: "Tuenti"; "Facebook"; "Twitter", "Gmail"; "Messenger", "Yahoo", etc., por lo que el tiempo dedicado al juego motor de índole popular es muy pequeño (Cañizares y Carbonero, 2009).

El **deporte popular** nace de la reglamentación del juego practicado por una gran masa de ciudadanos. Un ejemplo claro son las regatas de traineras y otros muchos deportes actuales. Esta evolución del juego al deporte es progresiva en complejidad y producto, precisamente, de su mayor popularización y práctica, el juego se reglamenta y lo regula un organismo que organiza las competiciones y vela por su promoción. Las técnicas de ejecución se despliegan hacia una mayor complejidad, así como las tácticas, el entrenamiento y, al final, surge el profesionalismo.

2.2. LOS JUEGOS Y DEPORTES AUTÓCTONOS.

Son aquellos que se llevan a cabo en cada una de las ciudades, provincias o regiones y que, emanando de la propia cultura popular local, se inician en un entorno geográfico reducido. Suele ser un término inexacto ya que es difícil establecer con precisión si en un determinado lugar se "inventó" un juego. Por ejemplo, está demostrado que la "*Rueda*" es autóctona de Coria del Río (Sevilla), lo mismo que el "Pinfuvote" es un juego que a finales del siglo XX comenzó a gestarse en Dos Hermanas (Sevilla) y que ha tenido mucha aceptación y prosigue su expansión www.pinfuvote.net.

Hoy día están siendo "redescubiertos" gracias a los trabajos de investigación que se realizan en nuestras escuelas. El alumnado, motivado por el docente, indaga entre las personas mayores de su entorno los juegos que éstos hacían cuando eran jóvenes. De esta forma los rescatan del olvido, aumentando el bagaje lúdico popular y tradicional de la zona.

La mayoría de las comunidades autónomas españolas cuentan con algún departamento oficial encargado de investigar, promocionar y regular el juego y deporte autóctono de sus territorios.

2.3. LOS JUEGOS Y DEPORTES TRADICIONALES.

Son manifestaciones culturales presentes en todos los grupos y sociedades. Se han venido practicando desde tiempo inmemorial y no han sufrido casi ninguna modificación en su estructura, precisando una **transmisión** a lo largo de varias **generaciones** (Lavega, 2000).

Ya los niños de la antigua Grecia jugaban, como los actuales, al "escondite", al "corro"; tenían muñecas, pelotas y aros. El comercio y las múltiples invasiones trasladaron los juegos de unos territorios a otros, desde los fenicios a los romanos, desde el mundo árabe a las cruzadas y desde los colonos europeos a los indios americanos y viceversa. También los misioneros los exportaron a África y otros continentes, al mismo tiempo que cuando regresaban a sus países de origen traían los originales de esos territorios (Andreu, 2006).

Ahora, curiosamente, los inmigrantes que vienen a España traen y practican los juegos de sus países de origen, por lo que enriquecen nuestros ficheros.

El juego, por tanto, puede ser creado, adoptado o asumido por una cultura. La **enculturización** es el proceso por el que una sociedad integra a sus miembros. Lo habitual es que los mayores obliguen a los jóvenes a adoptar sus modos tradicionales. Es una transmisión interna de valores, actitudes y normas. El juego popular es el primer ejemplo que recibe el joven de sus mayores cuando los ve practicar. La **aculturización** supone que la transmisión de aspectos culturales de una sociedad y cultura a otra diferente. Por ejemplo, cuando un pueblo domina a otro impone sus formas, estilos, etc. El **sincretismo** supone que un pueblo se opone tajantemente a todo lo que le llega de otra comunidad, por lo que refuerza sus peculiaridades. De ahí que ciertos juegos se practiquen de forma distintas en pueblos cercanos. Los valores que encierran los juegos tradicionales son, entre otros, el conocimiento de las formas de vida, adaptación social, transmisión de la cultura y afirmación de la idiosincrasia (Expósito, 2006).

El sentido y las **causas originarias** de los juegos tradicionales, son:

- La exploración lúdica y el juego como creadores de cultura, por ejemplo, la comba.
- Las de origen en la **actividad económica o laboral**, por ejemplo, las regatas.
- Aquellas relacionadas con la **actividad bélico-militar**, defensa del territorio y de supervivencia, como la lucha leonesa, canaria o el palo canario.
- Las que toman su inspiración en **actividades lúdico-festivas y religiosas**. Por ejemplo, algunas modalidades de las danzas rituales vascas (Euskal Dantzak).

Las **características** de los juegos tradicionales son recogidas por Andreu (2010):

- Niñas y niños los organizan por su propio placer. Deciden dónde y cómo jugar.
- Las reglas son fáciles de recordar, cambiantes y negociables.
- Los juegos se aprenden observando a los mayores.
- Tienen estrategias cooperativas y competitivas, aunque suele predominar una sobre la otra.
- Los materiales son fáciles de fabricar o encontrar.

La evolución de los juegos tradicionales no tiene por qué culminar necesariamente en "deporte" como forma de garantizar su supervivencia, como por ejemplo ha sucedido con la pelota vasca o los bolos leoneses (Martín Nicolás, 2003).

En Andalucía, la **O. 17/03/2015**, indica que "*el conocimiento y práctica de juegos populares, tradicionales y alternativos, contribuirán a enriquecer su identidad cultural*".

2.3.1. DISTRIBUCIÓN GEOGRÁFICA Y CLASIFICACIÓN DE LOS JUEGOS Y DEPORTES TRADICIONALES EN ESPAÑA.

Siguiendo a Moreno Palos (1992), la Cornisa Cantábrica es la zona que posee mayor número de juegos y deportes tradicionales y donde éstos han arraigado más, destacando el País Vasco que, por sus peculiaridades culturales, ha sido siempre un excelente conservador de sus costumbres populares y donde ocupan un lugar destacado sus juegos tradicionales, posiblemente debido también a sus características orográficas.

En una tabla condensamos la clasificación general, por la actividad que se realiza, y la correspondiente subclasificación (Moreno Palos, 1992, basada en García Serrano, 1974).

CLASIFICACIÓN GENERAL	SUB-CLASIFICACIÓN
Juegos y Deportes de Locomoción	Carreras y marchas Saltos Equilibrios Otros de Locomoción
Juegos y Deportes de Lanzamiento a Distancia	Lanzamiento a mano Lanzamiento con elementos propulsivos Otros juegos de lanzamiento
Juegos y Deportes de Lanzamiento de Precisión	Bolos Disco y moneda De bolas De mazo y bola Otros juegos de lanzamiento
Juegos y Deportes de Pelota y Balón	Pelota a mano Pelota con herramienta Juegos y deportes de balón Otros juegos y deportes
Juegos y Deportes de Lucha	Lucha Esgrima Otros juegos y deportes
Juegos y Deportes de Fuerza	Levantamiento y transporte de pesos
Juegos y Deportes Náuticos y Acuáticos	Pruebas de nado Regatas a vela Regatas a remo Otros juegos y deportes acuáticos
Juegos y Deportes con Animales	Competiciones. Pruebas de valía y adiestramiento Luchas de animales Caza y persecuciones Otros juegos y deportes con animales
Juegos y Deportes de Habilidad en el Trabajo	Actividades agrícolas Otras actividades laborales
Otros Juegos y Deportes Diversos, no clasificados	

En el siguiente cuadro, originario de Moreno Palos, (1992), basado en García Serrano, (1974) exponemos un extracto de los juegos y deportes tradicionales y populares en España más conocidos y que normalmente se encuentran ligados a fiestas de marcado carácter folklórico, así como su procedencia autóctona.

JUEGOS Y DEPORTES TRADICIONALES Y POPULARES EN ESPAÑA	
PAÍS VASCO	pelota vasca; aizcolaris; toka; soga-tira; korricolaris; palankaris; segolaris; arrijosateka; idi-dema
ASTURIAS Y CANTABRIA; CASTILLA-LEÓN; RIOJA Y ARAGÓN; NAVARRA	caliche; bolos; barra española; pelota; lucha leonesa; corricolaris; anadines; sogatira
CATALUÑA	castellets; sogatira; barra; bolos
PAÍS VALENCIANO	Bolos; caliche; pelota valenciana
CASTILLA-LA MANCHA	tiro de reja; bolos; barra española; tejo
MADRID	Chito; bolo-palma; barra española
MURCIA	caliche; bolos de Murcia; bolos de Cartagena; mazi-bol
ISLAS BALEARES	caliche; bolos; tiro con onda
GALICIA	Bolos; loita; carreras rituales
EXTREMADURA	Barra española; caliche; tiro de reja
ANDALUCÍA	carrera de sacos; soga-tira; barra española; caliche; bolos serranos; pelota Alhama; rueda de Coria
CANARIAS	lucha canaria; vela latina; palo canario; levanta arado; petanca; salto de pastor; pulseo de piedra

2.3.2. JUEGOS Y DEPORTES TRADICIONALES EN ANDALUCÍA.

En la Facultad de CC. EE. de Granada y en la F.CC.A.F.D. de la misma ciudad se han realizado trabajos sobre recopilaciones de juegos andaluces.

Los más conocidos, son:

CARACTERÍSTICAS	NOMBRES
De marchas y carreras	Carreras de sacos
De lanzamiento a distancia y a mano	Tiro de reja, Barra española
De bolos	Bolos serranos
De fuerza	Pulsos
De valía y adiestramiento	Pruebas de doma
De pelota	Pelota Alhama
Pruebas hípicas	Carreras de burros

2.4. JUEGO POPULAR, AUTÓCTONO Y TRADICIONAL EN EL CURRÍCULO DE EDUCACIÓN FÍSICA.

El juego popular y tradicional ha sido habitualmente marginado de los contenidos de las clases de educación física al verse "anulado" por los deportes que todos conocemos. Comprobarlo es fácil si miramos al patio de recreo de cualquier escuela. Esto está cambiando y ya a principios del siglo XXI podemos evidenciar esta tendencia, aunque aún la influencia del juego deportivo sigue siendo grande (Miraflores e Ibañ

En parte, esta restitución se debe a la condición diferenciadora de los territorios en España, que produce un resurgir de la cultura propia y de su reafirmación identitaria, por otra. En los últimos tiempos, la "globalización" y el alumnado que nos llega procedente de otros países, ha traído como consecuencia que incorporemos juegos populares de **otras naciones** que enriquecen nuestra acción educativa y, al fin y al cabo, son nuevas soluciones para la **integración** (Gómez, Puig y Maza, 2009). Buena prueba de ello son las publicaciones recientes sobre el juego **multicultural** (Navarro, 2007).

Andreu (2010), detalla los numerosos aspectos que **desarrollan** los juegos populares y tradicionales: habilidades perceptivo-motrices, capacidades coordinativas, habilidades motrices, capacidades físicas y también las conductas socio motrices.

El actual D. C., en referencia a los juegos populares, tradicionales y autóctonos, especifica:

a) **Competencias Clave**:

El área de Educación física contribuye de manera esencial al desarrollo de las **competencias sociales y cívicas**. Las características de la Educación física, sobre todo las relativas al entorno en el que se desarrolla y a la dinámica de las clases, la hacen propicia para la educación de habilidades sociales, cuando la intervención educativa incide en este aspecto. Las actividades físicas y en especial las que se realizan colectivamente son un medio eficaz para facilitar la relación, la integración, el respeto y la interrelación entre iguales, a la vez que contribuyen al desarrollo de la cooperación solidaria.

La Educación física ayuda a la consecución de la competencia del **sentido de iniciativa y espíritu emprendedor** en la medida en que emplaza al alumnado a tomar decisiones con progresiva autonomía en situaciones en las que debe manifestar auto superación, perseverancia y actitud positiva. También lo hace, si se le da protagonismo al alumnado en aspectos de organización individual y colectiva de las actividades físicas, deportivas y expresivas. El juego motor aporta a la consecución de esta competencia estas habilidades esenciales: capacidad de análisis; capacidades de planificación, organización, gestión y toma de decisiones; capacidad de adaptación al cambio y resolución de problemas; comunicación, presentación, representación y negociación efectivas; habilidad para trabajar, tanto individualmente como dentro de un equipo; participación, capacidad de liderazgo y delegación; pensamiento crítico y sentido de la responsabilidad; autoconfianza, evaluación y auto-evaluación, ya que es esencial determinar los puntos fuertes y débiles de uno mismo y de un proyecto, así como evaluar y asumir riesgos cuando esté justificado (manejo de la incertidumbre y asunción y gestión del riesgo).

El área contribuye a la **competencia de aprender a aprender** mediante el conocimiento de sí mismo y de las propias posibilidades y carencias como punto de partida del aprendizaje motor desarrollando un repertorio variado que facilite su transferencia a tareas motrices más complejas. Ello permite el establecimiento de metas alcanzables cuya consecución genera autoconfianza. Al mismo tiempo, los proyectos comunes en actividades físicas colectivas facilitan la adquisición de recursos de cooperación.

Desde este área se contribuye en cierta medida a la **competencia digital** en la medida en que los medios informáticos y audiovisuales ofrecen recursos cada vez más actuales para analizar y presentar infinidad de datos que pueden ser extraídos de las actividades físicas, deportivas, competiciones, etc. El uso de herramientas digitales que permitan la grabación y edición de eventos (fotografías, vídeos, etc.) suponen recursos para el estudio de distintas acciones llevadas a cabo.

El área también contribuye en cierta medida a la adquisición de la

competencia en comunicación lingüística, ofreciendo gran variedad de intercambios comunicativos, del uso de las normas que los rigen y del vocabulario específico que el área aporta.

b) **Objetivos de etapa**: Si bien podemos relacionarlo con muchos, de modo más significativo está más vinculado con el "h"; "k"; "m".

c) **Objetivos de área**: Está relacionado con el O.EF.6. *"Conocer y valorar la diversidad de actividades físicas, lúdicas, deportivas y artísticas como propuesta al tiempo de ocio y forma de mejorar las relaciones sociales y la capacidad física y además teniendo en cuenta el cuidado del entorno natural donde se desarrollen dichas actividades".*
También debemos señalar al objetivo "d" de Andalucía (D. 97/2015):

"Conocer y valorar el patrimonio natural y cultural y contribuir activamente a su conservación y mejora, entender la diversidad lingüística y cultural como un valor de los pueblos y de las personas y desarrollar una actitud de interés y respeto hacia la misma".

d) **Contenidos**: Los podemos aplicar constituyendo una Unidad Didáctica independiente-temática que promueva la **investigación** en cada contexto específico y reviva la tradición, así como la mejora de las habilidades motrices que conlleva. También los podemos usar como **medio**, en cualquier Unidad, para conseguir los objetivos de la misma (Trigueros, 2002).

En cualquier caso debemos **adaptarlos** en función de las características físicas, psicológicas y sociales del grupo, además tendremos en cuenta los espacios, objetos y reglas (Suari, 2005).

El bloque que recoge el juego popular en la O. 17/03/2015, es:

- **Bloque 4**, "*El juego y el deporte escolar*": desarrolla contenidos sobre la realización de diferentes tipos de juegos y deportes entendidos como manifestaciones culturales y sociales de la motricidad humana. El juego, además de ser un recurso recurrente dentro del área, tiene una dimensión cultural y antropológica.

Como ejemplo de contenido, indicamos:

4.4. Indagación y práctica de juegos populares y tradicionales propios de la cultura andaluza.

Por todo ello, podemos resumir diciendo que los juegos populares y tradicionales **mejoran** varios aspectos muy importantes en nuestra área, como son los **perceptivos**, **coordinativos** y la **condición física-salud**, además de los relacionados con los psico-sociológicos (Lavega y otros, 2010).

Como **ejemplos** de **juegos concretos** indicamos el escondite, corta-hilo, rescate (o policías y ladrones), pies quietos, a la zapatilla por detrás, marro (o balón prisionero), pico-zorro-zahina (o churro-mediamanga-mangaentera), látigo, marro, el patio de mi casa, pídola, las cuatro esquinas, la pared, rayuela (o avión), veo-veo, antón-antón-antón pirulero, en el patio de mi casa, pase misí-pase misá, el escondite inglés, las cuatro esquinas, el pañuelo, la cadena, el elástico, la escoba, la paloma, la comba, canicas, chapas, el telegrama, el taco, aro, tula, la gallina ciega, las sillas, etc. (Bernal, 2003) y (Castejón -supervisor-,1999).

e) **Evaluación**: Algunos de los **criterios** de evaluación y estándares (R.D. 126/2014), son:

"C. 8. Conocer y valorar la diversidad de actividades físicas, lúdicas, deportivas y artísticas.

C. 13. Demostrar un comportamiento personal y social responsable, respetándose a sí mismo y a los otros en las actividades físicas y en los juegos, aceptando las normas y reglas establecidas y actuando con interés e iniciativa individual y trabajo en equipo

E.A. 8.1. Expone las diferencias, características y/o relaciones entre juegos populares, deportes colectivos, deportes individuales y actividades en la naturaleza.

E.A.13.5. Acepta formar parte del grupo que le corresponda y el resultado de las competiciones con deportividad".

Además de todo lo dicho en los elementos curriculares anteriores, no podemos dejar de mencionar la importancia de su tratamiento en **otras áreas** y a través de los **contenidos transversales**.

2.5. EJEMPLOS DE APLICACIÓN DEL JUEGO POPULAR.

Dadas las características que posee, es muy aplicable en diversas situaciones:

a) Como unidad didáctica propia. El alumnado investiga los juegos de la zona, cómo se practica, etc.
b) Como medio para lograr determinadas habilidades y destrezas.
c) Como prácticas en los llamados "**recreos inteligentes o saludables**".

3. ACTIVIDADES FÍSICAS ORGANIZADAS EN EL MEDIO NATURAL.

Tienen una denominación muy diversificada que suele responder a la filosofía de su aplicación (Santos, 2003).

Son definidas por Bernadet (1991), citado en Guillén y otros (2000), como *"aquellas de tipo físico-deportivo que tienen, en líneas generales, el objetivo común el desplazarse individual o colectivamente hacia un fin más o menos próximo utilizando o luchando con los elementos que constituyen el entorno físico"*. Podemos añadir que también serían válidas las actividades preparatorias que realizamos en la escuela, con vistas a su práctica posterior en la naturaleza.

Fijar el origen de la actividades en la naturaleza dependerá de la perspectiva en la que nos posicionemos (Santos, 2003). Para unos comienza con la propia supervivencia del ser humano en la antigüedad (pesca, caza...). Para otros, todo lo contrario, comienza con la "civilización del ocio", a través de los nuevos deportes centrados en la autorrealización personal y mejora de la calidad de vida (Miranda y otros, 1995). Otros señalan a Rousseau, (Ascaso, 1996). Por otro lado, hay quien opina que comienza con los juegos corporales al aire libre, en plena naturaleza, que realizan los ingleses en el siglo XIX (Varela, 1991).

Si hacemos un poco de historia, las primeras actividades organizadas en Europa tienen su **origen** en Suiza (1870), donde un pastor evangélico lleva a grupos de niños de vacaciones a casas y fondas situadas en la naturaleza. Esto se extiende progresivamente al resto de Europa. En 1887, Manuel Cossío organiza las primeras actividades en la "Institución Libre de Enseñanza", que se incrementan hasta 1936. En los años veinte y treinta de del siglo XX se desarrollan rápidamente porque organismos escolares y asociaciones impulsan colonias escolares (Santos, 2003). Fue muy significativo el Twenty Club (1912), que posteriormente se transformó en el Club Alpino Español, o la asociación "Doce Amigos", con ascendencia en Giner de los Ríos. La F. E. de Montaña se fundó en 1941 (Sánchez Igual, 2005).

En Inglaterra empiezan en 1908 los Boys Scouts, con una marcada estructura militar, y adaptado para los niños. El modelo ideológico es el de una persona "altruista, cívica, pacifista y universalista" (Santos, 2003).

Tras la guerra civil española se funda la O.J.E. y se produce un cierto "boom" en este tipo de actividad, aunque claro está, totalmente de acuerdo con el ambiente social de la época. Un ejemplo del interés político que tiene la Naturaleza y las actividades a realizar en ella, son los campamentos obligatorios para los estudiantes de Magisterio entre 1960 y 1970 (Santos, 2003). A partir de 1975 grandes empresas y entidades públicas y privadas organizan actividades en el medio natural para hijos de sus empleados, etc. **Actualmente** son las entidades públicas y las **empresas de servicios** quienes organizan preferentemente las actividades en el medio natural.

Los cambios experimentados en las prácticas físico-deportivas escolares y sociales a partir de los años ochenta del siglo pasado, reflejan un giro, a nivel general, hacia la personalización y diversificación de los intereses en las actividades **escolares y turísticas** de tiempo libre. Se ha producido una eclosión de múltiples modalidades físico-deportivas y recreativas en distintos contextos, que se han generado, en muchos casos, al margen de la normativa y gestión del sistema deportivo moderno.

La proliferación de actividades al aire libre hace que la naturaleza se ha comenzado a descubrir como un espacio deportivo. Deportes como montañismo, ciclismo, esquí o especialidades náuticas se han popularizado llegando a distintos sectores de la población, sobre todo el escolar. La vida en las grandes urbes y la falta de espacios en las ciudades han influido en la necesidad de los ciudadanos de una vuelta a la naturaleza, marco común de los deportes de aire libre (Granero y Baena, 2011).

La O. de 10/08/2007, por la que se desarrolla el currículo correspondiente a la Educación Primaria en Andalucía, en su Anexo I, indica la importancia de la Educación Física a la hora de trabajar núcleos temáticos propios de la Comunidad, como los "Paisajes Andaluces".

3.1. CLASIFICACIÓN.

Acuña (1986), clasifica las **actividades** para las edades de Primaria, en tres grupos:

- Actividades **básicas**. Aquellas en que la única variación es el lugar en el cual se realiza, en este caso el medio natural (playa, río, pradera, etc.).
- Actividades **genéricas**. Aquellas que al aprenderse permiten el abordaje a cualquier actividad concreta en la naturaleza; aunque el aprendizaje de estas técnicas puede convertirse en una actividad concreta (montaje de tiendas, cabuyería, orientación, socorrismo, construcciones, meteorología, etc.). Sólo en el tercer ciclo.

- Actividades **concretas**. Son las específicas que se pueden iniciar en estas edades. Por ejemplo, esquí, navegación, natación, escalada, bicicross, juegos adaptados, patinaje sobre hielo, etc.

Cañada y García (2003), con otro punto de vista distinto al anterior, exponen la siguiente clasificación sobre las actividades físico-deportivas en la Naturaleza:

- **Habilidades perceptivo-motrices.**
    - Percepción del propio cuerpo y del entorno

- **Habilidades motrices básicas.**
    - De locomoción y manipulativas.

- **Habilidades específicas.**
    - Básicas de desenvolvimiento: marcha, acampada, cabuyería, construcciones, refugios, hornillos, utensilios, etc. Material y equipo, organización de itinerarios y orientación. Juegos de pistas, circuitos de aventuras, etc.
    - Terrestres: senderismo, montañismo, escalada, espeleología, barranquismo, bicicleta de montaña, cicloturismo, orientación, esquí, tiro con arco y equitación.
    - Acuáticas: natación, vela, piragüismo, kayak, canoa, etc.
    - Aéreas: vuelo sin motor, globo, etc.

Todas las actividades anteriores **no** son aplicables en Primaria. Cada docente deberá adaptarlas en su programación según las posibilidades, características y medios materiales y económicos que tenga el grupo, además de sus aprendizajes previos, etc. (Iglesias, 2005)

Quintana y García (2005) las clasifican en función del **medio** donde se desarrollan:

Agua	Submarinismo, piragüismo, vela, surf...
Aire	Parapente, ultraligeros, globo, ala delta, etc.
Tierra	BTT, senderismo, escalada, etc.
Nieve	Snowboard, esquí, trineos, mushing
Hielo	Cascadismo, patinaje, alpinismo, etc.

García y otros (2005), clasifican cinco **marcos** para **aplicar** en nuestro currículo los grupos clasificatorios de actividades en el medio natural:

M. Cerrado	Las actividades realizadas en el aula o en el propio centro
M. Abierto	Las realizadas en plena naturaleza
M. Mixto	Parte en la escuela y parte en la naturaleza
M. Alternativo cercano	Hechas en parques y otros espacios cercanos al centro
M. Alternativo lejano	Realizadas en campamentos, rocódromos, equipamientos ambientales, etc., pero lejanos al centro.

Por otro lado, no podemos olvidar que en Andalucía tenemos muchas posibilidades y facilidades para hacer "deportes de playa". Nos referimos a la iniciación al "voley-playa", "fútbol-playa", "balonmano-playa", entre otros, aprovechando las instalaciones existentes en el litoral de nuestro entorno mediato o inmediato. Además, podemos contar con la posibilidad de hacer muchos juegos populares, así como otros alternativos aprovechando también la playa o el bosque y los elementos naturales allí existentes. Otra línea son los deportes náuticos tradicionales como la vela, pero también los "alternativos", como el llamado "carro-velismo" (Cañizares y Carbonero, 2009).

3.2. A.F.O. EN EL MEDIO NATURAL Y CURRICULO DE EDUCACIÓN FÍSICA.

Las últimas **normativas** sobre las A.F.O. en el Medio Natural, en Andalucía, son y a nivel nacional:

- ORDEN de 5 de noviembre de 2014, por la que se modifica la de 3 de agosto de 2010, por la que se regulan los servicios complementarios de la enseñanza de aula matinal, comedor escolar y actividades extraescolares en los centros docentes públicos, así como la ampliación de horario (BOJA 28-11-2014).
- REAL DECRETO 1694/1995, de 20 de octubre, que regula las actividades escolares complementarias, las actividades extraescolares y los servicios complementarios de los Centros Concertados (B.O.E. nº 287, de 01-12-1995).

Por otro lado, la O. de 15 de enero de 2007, por la que se regulan las medidas y actuaciones a desarrollar para la atención al alumnado inmigrante y, especialmente, las Aulas Temporales de Adaptación Lingüística, indica en el artículo 3 que "debemos fomentar la participación del **alumnado inmigrante** en las actividades escolares y **extraescolares** del centro.

También, el Decreto 328/2010, de 13 de julio, por el que se aprueba el Reglamento Orgánico de las escuelas infantiles de segundo grado, de los colegios de educación primaria, de los colegios de educación infantil y primaria, y de los centros públicos específicos de educación especial. indica en su artículo 81 que son competencias de los equipos de ciclo, "*promover, organizar y realizar actividades complementarias y extraescolares, de conformidad con lo establecido en la normativa vigente*".

El DC. actual nos indica:

a) **Competencias Clave**. Tiene una mayor relación con la **Competencia en conciencia y expresiones culturales** mediante la expresión de ideas o sentimientos de forma creativa a través de la exploración y utilización de las posibilidades y recursos del cuerpo y del movimiento. A la apreciación y comprensión del hecho cultural, y a la valoración de su diversidad, lo hace mediante el reconocimiento y la apreciación de las manifestaciones culturales específicas la motricidad humana, tales como los deportes, los juegos tradicionales, las actividades expresivas o la danza y su consideración como patrimonio de los pueblos. **Competencia digital** en la medida en que los medios informáticos y audiovisuales ofrecen recursos cada vez más actuales para analizar y presentar infinidad de datos que pueden ser extraídos de las actividades físicas, deportivas, competiciones, etc. El uso de herramientas digitales que permitan la grabación y edición de eventos (fotografías, vídeos, etc.) suponen recursos para el estudio de distintas acciones llevadas a cabo.

b) **Objetivos de Etapa**. El más intencional es el objetivo "**h**": *Conocer y valorar su entorno natural, social y cultural, así como las posibilidades de acción y cuidado del mismo*".

c) **Objetivos de Área**. El más relacionado es el nº "**6**": "*Conocer y valorar la diversidad de actividades físicas, lúdicas, deportivas y artísticas como propuesta al tiempo de ocio y forma de mejorar las relaciones sociales y la capacidad física y además teniendo en cuenta el cuidado del entorno natural donde se desarrollen dichas actividades*".

d) **Contenidos**. Las actividades físicas en el medio natural no están recogidas como tal en la legislación actual, aunque sí de forma indirecta. Por ejemplo, en el medio natural podemos mejorar las percepciones y la habilidad motriz en general, resultan prácticas saludables, podemos hacer muchos tipos de juegos y deportes, así como de índole expresiva.

No podemos dejar de señalar a los contenidos de otras áreas y el Tema Transversal de "Educación Ambiental". Esto nos da pie para llevar a cabo actividades interdisciplinarias, sin olvidarnos de prestar atención a la Diversidad (Iglesias, 2005). Por otro lado, la Orden de 10 de agosto de 2007, por la que se desarrolla el currículo correspondiente a la Educación Primaria en Andalucía. B. O. J. A. nº 171, de 30/08/2007, indica que en los contenidos propios de la Comunidad de Andalucía, como el relativo al patrimonio andaluz o a la incidencia de la actividad humana en el medio - correspondientes al área de Conocimiento del Medio Natural, Social y Cultural-, se puede tratar en colaboración con otras áreas, como la de Educación Física. En los enclaves naturales existen diferentes **programas** que pueden adaptarse a nuestras necesidades: centros de visitantes, centros de recepción, aulas de la naturaleza, jardines botánicos, etc.

e) **Evaluación**: Las actividades lúdicas en el medio natural vine recogido en el:

C. 10. Manifestar respeto hacia el entorno y el medio natural en los juegos y actividades al aire libre, identificando y realizando acciones concretas dirigidas a su preservación.

Independientemente de ello, el R.D. 126/2014 cuando se refiere a los cinco elementos curriculares de la programación, hace referencia a la actividad en el medio natural:

"***Acciones motrices en situaciones de adaptación al entorno físico***. *Lo más significativo en estas acciones es que el medio en el que se realizan las actividades no tiene siempre las mismas características, por lo que genera incertidumbre. En general se trata de desplazamientos con o sin materiales, realizados en el entorno natural o urbano que puede estar más o menos acondicionado, pero que experimentan cambios, por lo que el alumnado necesita organizar y adaptar sus conductas a las variaciones del mismo. Resulta decisiva la interpretación de las condiciones del entorno para situarse, priorizar la seguridad sobre el riesgo y para regular la intensidad de los esfuerzos en función de las posibilidades personales. Estas actividades facilitan la conexión con otras áreas de conocimiento y la profundización en valores relacionados con la conservación del entorno, fundamentalmente del medio natural. Puede tratarse de actividades individuales, grupales, de colaboración o de oposición. Las marchas y excursiones a pie o en bicicleta, las acampadas, las actividades de orientación, los grandes juegos en la naturaleza (de pistas, de aproximación y otros), el esquí, en sus diversas modalidades, o la escalada, forman parte, entre otras, de las actividades de este tipo de situación*".

3.3. A.F.O. EN EL MEDIO NATURAL Y NORMAS DE ORGANIZACIÓN Y SEGURIDAD.

Para organizar actividades en el medio natural, en un único día o en varios, es preciso tener en cuenta una serie de pautas legales, organizativas y de seguridad para que todo salga bien, dado que estamos sujetos a riesgo físico por múltiples causas, con la responsabilidad de todo tipo que esto conlleva. Miguel (2005), subraya que la primera tarea del profesorado es anular el riesgo físico al 100%. Indicamos una serie de puntos a considerar:

- Antes que nada, todo lo que vayamos a hacer debe estar reflejado en el **Plan de Centro** y las familias deberán **autorizar** a sus hijas e hijos hacer la actividad extraescolar.

- El docente puede verse auxiliado por los programas que ofrecen los P. Naturales, la Consejería de Educación y los Ayuntamientos.

- Podrá organizarlo de forma independiente (prácticamente en desuso hoy día), o bien acudir a la amplia oferta de las *"empresas de servicios"* que nos ofrecen itinerarios naturales, senderismo, cursos de iniciación a los deportes de nieve, náuticos, multiavetura, "campus", etc., así como "huertos escolares", etc. En ellos nos muestran una serie de prestaciones que hay que tener en consideración. Por ejemplo:
    - Publicidad y promoción a los escolares y familiares: vídeos, web, Cd., etc.
    - Asesoramiento para llevar a cabo cualquier petición del docente.
    - Tratamiento didáctico de, prácticamente, cualquier contenido.
    - Viajes, alojamientos, manutención y materiales específicos.
    - Asistencia médica, permisos y seguro de accidentes y responsabilidad civil. Debemos hacer un contrato donde se especifiquen servicios y actividades a realizar, así como las alternativas previstas en caso de mal tiempo o de cambio forzoso por otras circunstancias, precio, número de monitores, (es conveniente uno por cada diez o quince alumnos), etc. Teléfono de la compañía aseguradora y número de **póliza** suscrita. Los recursos que ponen a nuestra disposición, etc.
    - Estas empresas gestoras han supuesto, lógicamente, un vuelco en la organización escolar de las A.F.O. en el Medio Natural. Ya todo es más fácil, profesional y ágil, además de derivar un asunto que siempre ha causado "respeto" en los docentes: la **responsabilidad** en caso del más mínimo incidente.
    - Precio interesante, sobre todo porque cada vez hay más competencia comercial.

- Las **TAC** nos ofrecen muchas posibilidades. Por ejemplo, antes de la visita física, podemos realizarla de modo "virtual".

- Internet nos ofrece consultar la climatología, orografía y servicios, así como otros datos interesantes que puedan ser tenidos en cuenta.

Podemos concretar una serie de consejos relacionados con la **evitación** de accidentes (Cañada y García, 2003):

- Dar normas sobre las actividades a realizar y precauciones a tener en cuenta.

- Repasar si se cumplen las instrucciones dadas sobre ropa, calzado y demás componentes, por ejemplo, protección contra el sol, frío, etc. Prever zonas de refugio en caso de lluvia.
- En caso de baño, no hacerlo en aguas estancadas o sucias, saber la profundidad existente y controlar las corrientes.
- Que exista un monitor por cada diez o quince asistentes.
- No olvidar elementos de seguridad: linterna, mapa, teléfono móvil, dinero, botiquín de primeros auxilios que incluya crema contra las picaduras, etc.
- Tener previsto vehículo de emergencia y facilidad para contactar con la familia.

CONCLUSIONES

Este Tema consta de tres partes diferenciadas. En la primera hemos visto la importancia que hoy día tiene todo lo relacionado con el movimiento corporal, el deporte, etc. Esto es muy beneficioso para la escuela debido a las influencias del medio social. La motivación que tiene el escolar hacia los aprendizajes motrices y deportivos es muy grande, de ahí los éxitos en las escuelas deportivas, talleres de juegos, etc.

En la segunda hemos tratado cómo el juego popular y tradicional tiene un gran valor en el medio escolar debido a su influencia en la educación del movimiento, la condición física, las relaciones socio-afectivas y la transmisión de la cultura lúdica popular a las nuevas generaciones.

En la tercera hemos expuesto la influencia del medio natural en el ámbito educativo. Muchas de las enseñanzas, sobre todo las relacionadas con nuestra Área, tienen un marco ideal en la naturaleza. De este modo enseñamos al alumnado el respeto, conservación, limpieza, etc. hacia nuestro entorno natural.

El juego en todas las acepciones estudiadas en este tema, es un recurso imprescindible en esta etapa como situación de aprendizaje, acordes con las intenciones educativas, y como herramienta didáctica por su carácter motivador. Las propuestas didácticas deben incorporar la reflexión y análisis de lo que acontece y la creación de estrategias para facilitar la transferencia de conocimientos de otras situaciones.

BIBLIOGRAFÍA

- ACUÑA, A. (1991). *Manual didáctico de actividades en la naturaleza*. Wanceulen. Sevilla.
- ANDREU, E. (2006). *La actividad lúdica infantil en el Mediterráneo*. Wanceulen. Sevilla.
- ANDREU, E. (2010). *¿Juego o deporte? Análisis psicopedagógico de la riqueza motriz de los juegos tradicionales*. Wanceulen. Sevilla.
- ASCASO, J. y otros. (1996). *Actividades en la naturaleza*. M. E. C. Madrid.
- BAYLE, J. I. (2005). *Vigorexia: cómo reconocerla y evitarla*. Síntesis. Madrid.
- BERNAL, J. A. (2003). *Juegos de calle*. Wanceulen. Sevilla.
- BLÁZQUEZ, D. (2001). *La Educación Física*. INDE. Barcelona.
- CAÑADA, S. y GARCÍA, B. (2003). *El medio natural*. En "*Desarrollo de la motricidad*". RIVADENEYRA, M. L. (Coord). Wanceulen. Sevilla.
- CAÑIZARES, J. Mª y CARBONERO, C. (2009). *Temario de oposiciones de Educación Física para Primaria*. Wanceulen. Sevilla.

- CASTEJÓN, F. J. (supervisor) (1999). *Juegos populares. Una propuesta para la Educación física*. Gymnos. Madrid.
- DEVÍS, J. y PÉREZ-SAMANIEGO, V. (2000). *La ética profesional y la promoción de la actividad física relacionada con la salud*, en DEVÍS, J. -coor.-. La Educación Física y el deporte en el S. XXI, Marfil, Alcoy.
- DURBÁ, V. (2006). *El deporte y la televisión. Una propuesta de investigación*. Monografías. Revista Tándem, nº 20, pp. 89-100. Graó. Barcelona.
- EXPÓSITO, J. (2006). *El juego y el deporte popular, tradicional y autóctono*. Wanceulen. Sevilla.
- GARCÍA NOZAL, J. M. (2011). *Juegos de nuestra infancia*. Wanceulen. Sevilla.
- GARCÍA, P.; MARTÍNEZ, A.; PARRA, M.; QUINTANA, M.; ROVIRA, C. M. (2005). *Actividades físicas en el medio natural para Primaria y Secundaria*. Wanceulen. Sevilla.
- GÓMEZ MORA, J. (2003). *Fundamentos biológicos del ejercicio físico*. Wanceulen. Sevilla.
- GÓMEZ, C.; PUIG, N. y MAZA, G. (2009). *Deporte e integración social*. INDE. Barcelona.
- GRANERO, A. y BAENA, A. (2011). *Actividades físicas en el medio natural. Teoría y práctica para la Educación Física actual*. Wanceulen. Sevilla.
- GUILLÉN, R.; LAPETRA, S. y CASTERAD, J.; (2000). *Actividades en la naturaleza*. INDE. Barcelona.
- GUTIÉRREZ TOCA, M. (2004). *Juegos ecológicos con piedras y palos*. INDE. Barcelona.
- IGLESIAS, J. A. (2005). *Ficheros de actividades en la Naturaleza*. INDE. Barcelona.
- JUNTA DE ANDALUCÍA (2010). *Decreto 328/2010, de 13 de julio, por el que se aprueba el Reglamento Orgánico de las escuelas infantiles de segundo grado, de los colegios de educación primaria, de los colegios de educación infantil y primaria, y de los centros públicos específicos de educación especial*. BOJA Nº 139, de 16/07/2010.
- JUNTA DE ANDALUCÍA (2010). *Orden de 03-08-2010, por la que se regulan los servicios complementarios de la enseñanza de aula matinal, comedor escolar y actividades extraescolares en los centros docentes públicos, así como la ampliación de horario*. (BOJA 12-08-2010).
- JUNTA DE ANDALUCÍA (2007). *Ley 17/2007, de 10 de diciembre, de Educación de Andalucía (L. E. A.)*. B. O. J. A. nº 252, de 26/12/07.
- JUNTA DE ANDALUCÍA (2015). *Decreto 97/2015, de 3 de marzo, por el que se establece la ordenación y las enseñanzas correspondientes a la Educación primaria en Andalucía*. B. O. J. A. nº 50, de 13/03/2015.
- JUNTA DE ANDALUCÍA. (2015). *Orden de 17 de marzo de 2015, por la que se desarrolla el currículo correspondiente a la Educación Primaria en Andalucía*. B. O. J. A. nº 60, de 27/03/2015.
- JUNTA DE ANDALUCÍA (2007). *Orden de 15 de enero de 2007, por la que se regulan las medidas y actuaciones a desarrollar para la atención al alumnado inmigrante y, especialmente, las Aulas Temporales de Adaptación Lingüística*. B.O.J.A. nº 33, de 14/02/07.
- JUNTA DE ANDALUCÍA (1999). *Orden de 17 de febrero de 1999, por la que se regulan las ayudas a la realización de actividades complementarias y extraescolares en los Centros docentes públicos, a excepción de los de Adultos y Universitarios*. B.O.J.A. nº 33, de 18/03/99.
- JUNTA DE ANDALUCÍA (1998). *Orden de 14 de julio de 1998, por la que se regulan las actividades complementarias y extraescolares y los servicios prestados por los Centros docentes públicos no universitarios*. B.O.J.A. nº 86, de 01/08/98.

- LAGARDERA, F. (1995). *El sistema deportivo: dinámica y tendencias*. Revista de Educación Física, nº 61. Barcelona.
- LAVEGA, P. (2000). *Juegos y Deportes Populares Tradicionales*. INDE. Barcelona.
- LAVEGA, P. y otros (2010). *Juegos tradicionales y salud social*. A. C. La Tanguilla. Aranda del Duero (Burgos).
- LEGIDO, J. C. y otros (2009). *Hipertrofia y crecimiento muscular*. En GUILLÉN, M. y ARIZA. L. *Las Ciencias de la Actividad Física y el Deporte como fundamento para la práctica deportiva*. U. de Córdoba.
- LÓPEZ MIÑARRO, P. A. (2002). *Mitos y falsas creencias en la práctica deportiva*. INDE. Barcelona.
- MARTÍN NICOLÁS, J. C. (2003). *Fundamentos de los juegos y deportes tradicionales en el ámbito de la Educación Física*. U. de León. Secretariado de Publicaciones y Medios Audiovisuales. León.
- M.E.C. (2013). *Ley Orgánica 8/2013, de 9 de diciembre, para la mejora de la calidad educativa*. BOE Nº 295, de 10/12/2013.
- M. E. C. (2006). *Ley Orgánica 2/2006, de 3 de mayo, de Educación (L. O. E.)*. B. O. E. nº 106, de 04/05/2006, modificada por la LOMCE/2013.
- M. E. C. (2010). *Real Decreto 132/2010, de 12 de febrero, por el que se establecen los requisitos mínimos de los centros que impartan las enseñanzas del segundo ciclo de la educación infantil, la educación primaria y la educación secundaria*. B.O.E. nº 62, de 12/03/2010.
- M. E. C. ECD/65/2015, *O. de 21 de enero, por la que se describen las relaciones entre las competencias, los contenidos y los criterios de evaluación de la educación primaria, la educación secundaria obligatoria y el bachillerato*. B.O.E. nº 25, de 29/01/2015.
- MIGUEL, A. (2005). *La lección de Educación Física en el Aula Naturaleza*. En BORES, N. -coord.- *La lección de Educación Física en el Tratamiento Pedagógico de lo Corporal*. INDE. Barcelona.
- MIRAFLORES, E.; IBÁÑEZ, N. (2015). *Juegos populares y tradicionales para Educación Infantil*. CCS Editorial. Madrid.
- MIRANDA, J. y colls. (1995). *Actividades físicas en la naturaleza: un objeto a investigar. Dimensiones científicas*. Revista "Apunts Educació Física". (41, 53-69). Barcelona.
- MORENO, C. (1992). *Juegos populares, autóctonos y tradicionales en España*. Alianza. Madrid.
- NAVARRO, V. (2007). *Tendencias actuales de la Educación Física en España. Razones para un cambio*. (1ª y 2ª parte). Revista electrónica INDEREF. Editorial INDE. Barcelona. http://www.inderef.com
- PAREDES, J. (2003). *Teoría del Deporte*. Wanceulen. Sevilla.
- PARLEBAS, P. (2003). *Elementos de sociología del deporte*. I. A. D. Málaga.
- QUINTANA, M. y GARCÍA, P. (2005). *Introducción a las Actividades en la Naturaleza*. Wanceulen. Sevilla.
- RODRÍGUEZ, E. y FERNÁNDEZ-TRESGUERRES, A. (2015). *Juegos de ayer y de hoy*. Conais Gestión. Oviedo.
- ROMERO, C. (2002). *El juego en el Decreto del Área de Educación Física, Etapa de Educación Primaria*. Revista "Habilidad Motriz", nº 18, págs. 48-59. Ed. C.O.P.L.E.F.A. Córdoba.
- SÁNCHEZ IGUAL, J. E. (2005). *Actividades en el medio natural y Educación Física*. Wanceulen. Sevilla.
- SANTOS, Mª. L. (2003). *Fundamentos de las Actividades en el Medio Natural en la Educación Física Escolar*. Wanceulen. Sevilla.
- SUARI, C. (2005). *Juegos Tradicionales: del currículum a la clase*. Wanceulen. Sevilla.
- TORO, V. (1996). *El cuerpo como delito*, Ariel, Madrid.

- TRIGUEROS, C. (2002). *El juego tradicional en la socialización de los niños.* En MORENO, J. A. *Aprendizaje a través del juego.* Aljibe. Málaga.
- VARELA, J. (1991). *El cuerpo en la infancia. Elementos para una genealogía de la ortopedia pedagógica.* En VV. AA. Sociedad, cultura y Educación (229-246). Madrid.
- VÁZQUEZ, B. (1990). *La Educación Física en la Educación Básica.* Gymnos. Madrid.
- VÁZQUEZ, B. (2001). (Coord). *Bases educativas de la actividad física y el deporte.* Síntesis. Madrid.
- ZAGALAZ, Mª L.; CACHÓN, J.; LARA, A. (2014). *Fundamentos de la programación de Educación Física en Primaria.* Síntesis. Madrid.

WEBGRAFÍA (Consulta en octubre de 2015).
http://www.agrega2.es
http://recursos.cnice.mec.es/edfisica/
http://www.pinfuvote.net
http://recursos.cnice.mec.es/edfisica/
http://www.ite.educacion.es/es/recursos
http://www.educarm.es/admin/recursosEducativos#nogo
www.juntadeandalucia.es/educacion/descargasrecursos/curriculo-primaria/index.html
http://www.gobiernodecanarias.org/educacion/webdgoie/
http://www.educarex.es/web/guest/apoyo-a-la-docencia
http://www.catedu.es/webcatedu/index.php/recursosdidacticos
http://www.educa2.madrid.org/educamadrid/servicios
http://www.educa.jccm.es/educa-jccm/cm/recursos
http://www.educa.jcyl.es/profesorado/es/recursos-aula
http://www.guiaderecursos.com/webseducativas.php
http://www.adideandalucia.es
http://recursostic.educacion.es/primaria/ludos/web/index.html

www.ingramcontent.com/pod-product-compliance
Lightning Source LLC
Chambersburg PA
CBHW080924180426

43192CB00040B/2685